Tendzin Gyatso, der vierzehnte Dalai Lama und damit geistliches wie weltliches Oberhaupt der Tibeter, floh 1959 ins indische Exil. Seitdem verkündet er in weltweiten Auftritten charmant und charismatisch die buddhistischen Tugenden der Gewaltlosigkeit, des Mitgefühls und des Wohlwollens. Seine Appelle, die Tibetfrage zu lösen, setzen auf die Kraft der Moral und des gewaltlosen Widerstands.

Die 1974 geborene promovierte Indologin und Literaturwissenschaftlerin Sabine Löhr erzählt den mit der tibetischen Geschichte zutiefst verflochtenen Lebensweg eines außergewöhnlichen Menschen, klugen Politikers und humorvollen Lehrers alltagsnaher Weisheiten.

Dalai Lama XIV.

SABINE LÖHR

Sein Leben, sein Wirken, seine Botschaft

ROWOHLT TASCHENBUCH VERLAG

Originalausgabe
Veröffentlicht im Rowohlt Taschenbuch Verlag,
Reinbek bei Hamburg, Juni 2005
Copyright © 2005 Rowohlt Verlag GmbH, 1 – 12 000 Gr.
Reinbek bei Hamburg
Lektorat Wolfgang Müller
Umschlaggestaltung ZERO Werbeagentur, München
(Foto: Keystone)
Quellennachweis der Abbildungen auf Seite 191
Satz aus der Minion PostScript, QuarkXPress 4.11,
bei KCS GmbH, Buchholz i. d. Nordheide
Buchgestaltung Anja Sicka
Druck und Bindung Druckerei C. H. Beck, Nördlingen
Printed in Germany
ISBN 3 499 62009 X

INHALT

EIN DALAI LAMA STIRBT

«Ich bin nun recht alt geworden und will von der Verantwortung, geistlicher und weltlicher Führer des Landes zu sein, zurücktreten. Gerne würde ich das, was mir an Zeit übrig bleibt, der Meditation widmen und dem Nachdenken über mein nächstes Leben. Aber dieser Luxus scheint mir nicht gestattet zu werden.»[1] Thubten Gyatso (1876–1933), der dreizehnte Dalai Lama, war keineswegs «recht alt», gerade einmal 56 Jahre, als er dies äußerte. Mit ihm wurde Tibet zum ersten Mal seit beinahe einem Jahrhundert von einem Dalai Lama regiert, «der weder ein Kleinkind noch eine Marionette»[2] war, wie der britische Vizekönig in Indien, Lord Curzon, mit Hochachtung bemerkte. Hier war ein Mann, ein Mönch, ein Herrscher, willensstark und schweigsam, dessen persönliche Autorität allein mit der des fünften Dalai Lamas vergleichbar ist. Doch die turbulenten Jahre seiner Regierungszeit hatten Spuren hinterlassen. Zweimal musste er, den man wegen seiner Verdienste auch den «Großen Dreizehnten» nennt, aus Tibet ins Exil fliehen: das erste Mal vor den Briten nach China und in die Mongolei, dann vor den Chinesen nach Britisch-Indien. Zwei Jahre nach dem Sturz des letzten Mandschu-Kaisers in China kehrte er endlich im Triumph nach Lhasa zurück und rief dort am 13. Februar 1913 vom Potala, dem Stammsitz der Dalai Lamas, offiziell die Unabhängigkeit Tibets aus. *Dank seiner segensreichen Tätigkeit konnte das tibetische Volk sich einer langwährenden Periode des Friedens und des Wohlstands erfreuen*[3], stellt auch der vierzehnte Dalai Lama anerkennend fest. Noch zwanzig Jahre leitete der Große Dreizehnte die Geschicke seines Landes und versuchte, gegen den Widerstand eines reaktionären Klerus dringend notwendige Reformen durchzusetzen, um Tibet behutsam in die Moderne zu führen.

Aber das Scheitern einiger seiner Bemühungen, besonders um eine erfolgreiche Modernisierung des Heeres, zermürbte den Großen Dreizehnten. Er wurde des Regierens müde, er wünschte sich mehr Zeit für seine spirituelle Praxis. Seit langem litt er unter immer wiederkehrenden Grippeschüben. Im Dezember 1933 ereilt ihn dann der bis dahin heftigste Anfall. Tag und Nacht beten Mönche für seine Genesung. Am Morgen des 17. Dezember 1933 ruft man das Staatsorakel von Nechung zu Hilfe. Der Mönch, der als Medium für die Schutzgottheit Dorje Drakden dient, fällt in Trance. Die Gottheit offenbart durch seinen Mund, welche Medizin vonnöten ist, und so bereitet man den Trank «Siebzehn Helden eine Grippe zu unterdrücken» zu, den man dem sich wehrenden Kranken einflößt. Sein Zustand verschlechtert sich rapid, gegen Mittag ist er bewusstlos. Das Orakel und andere hohe Mönche flehen ihn an, seinen Körper noch nicht zu verlassen – und solle er doch beschlossen haben zu sterben, so möge er doch bitte wenigstens bald wiederkehren. Da öffnet er noch einmal die Augen, aber schweigt. Am Abend, es beginnt gerade zu dämmern, stirbt der dreizehnte Dalai Lama Thubten Gyatso. Es wird Nacht in Tibet. Aus den Klöstern ertönt der dumpfe Hall von Trommeln, auf den Dächern leuchten kleine brennende Butterlampen. Die Menschen legen ihren Schmuck und ihre bunten Schürzen ab und beginnen eine 49 Tage dauernde Trauerzeit.[4]

Gemildert wird die tiefe Trauer, die Tibet beim Tod eines Dalai Lamas überkommt, nur durch das Wissen, dass der oberste Beschützer des Landes nicht endgültig gegangen ist. So ist auch die Bitte der Mönche an den sterbenden dreizehnten Dalai Lama zu verstehen, doch bald wiederzukehren. *Zwar trennen sich Geist und*

Körper, doch während Letzterer sich auflöst und zerfällt, glaubt man im Buddhismus an eine gewisse Kontinuität des Geistes[5]. Dieser «Bewusstseinsstrom» des dreizehnten Dalai Lamas wird nach einiger Zeit auf einen Embryo übergehen, ein Kind wird geboren werden – und Tibet wird einen neuen, seinen vierzehnten Dalai Lama bekommen. Zwar sind, so erklärt ebendieser vierzehnte Dalai Lama, zweifelsohne Vater und Mutter die substantielle Ursache des physischen Körpers, aber das Bewusstsein des Kindes, sein Geist also, hat mit seinen Eltern nichts gemein. *Es ist weder aus einem Element ihres Körpers noch aus einem Element ihres Bewußtseins gewachsen, denn es ist das Bewußtsein eines früheren Lebens, das dem Bewußtsein des jetzigen Lebens als substantielle Ursache*[6] dient. Nun ist zwar nach buddhistischer Vorstellung jeder Mensch diesem Gesetz der Wiedergeburt unterworfen; die Umstände der nächsten Geburt werden dabei durch die Art des im vorherigen Leben angehäuften guten wie schlechten «Karmas», was auf Sanskrit wörtlich «Handlung» bedeutet, vorbestimmt. Die Wirkung des Karmas ist so wenig beeinflussbar wie ein Naturgesetz. Es ist jedoch eine eigentümliche Besonderheit allein der tibetischen Form des Buddhismus zu glauben, ein in hohem Maß spirituell vollkommener Mensch könne nicht nur den Zeitpunkt des eigenen Todes, sondern sogar die Umstände seiner Wiedergeburt aktiv bestimmen. Zwar würde er als Kind zurückkehren, doch mittels verschiedener Prüfungen könne man ihn schon im Alter von etwa drei Jahren als Reinkarnation des Verstorbenen identifizieren. Einen auf solche Weise Wiedergeborenen nennt man in Tibet «Tulku»: «Körper der Verwandlung». «Lebender Buddha» lautet hingegen die chinesische Entsprechung. Alle hohen religiösen Meister und Lehrer bezeichnet man in Tibet zudem als «Lama», was dem indischen «Guru» entspricht, wobei jeder Tulku auch Lama, aber nicht jeder Lama auch ein wiedergekehrter Tulku sein muss.

Wer Träger des Titels «Dalai Lama» ist, ist für gläubige Tibeter mehr als ein Mensch, sogar mehr als die Wiederkunft seiner Vorgänger. Man sieht in ihm eine irdische Manifestation des überweltlichen Bodhisattvas des Mitgefühls namens Chenrezig, seines Zeichens Schutzpatron des Schneelandes Tibet. *Eine solche gesegnete Manifestation ist befähigt, weit über ihre natürliche Begabung, [...] helfende Aufgaben zu übernehmen, wie zum Beispiel ein religiöser Lehrer zu sein.*[7] Für die Gläubigen mag er durchaus der Mensch gewordene Chenrezig sein, der Dalai Lama aber spricht lieber von einer «Manifestation» als einer «Inkarnation». Das heißt, er betrachtet sich mehr als Abbild des barmherzigen Chenrezig. *Diese Art von Chenrezig ist also kein individuelles Wesen.*[8] Denn so, wie etwa der Mond sich an verschiedenen Orten im stillen Wasser von Seen und Meeren spiegeln kann, *aber selbst unbeirrbar am Himmel seine Bahn zieht*[9] und ohne ihn zu verlassen dennoch ein klares Bild auf Erden zeigt, so zeigt sich auch der mitleidsvolle Bodhisattva Chenrezig in den Dalai Lamas.

Chenrezig, «der mit klaren Augen Schauende»[10], sieht das Leid der Welt und will es lindern. Er soll daher, so will es die Legende, einst aus transzendenten Welten in einem weißen Lichtstrahl auf die Erde gelangt sein, um dort zum Wohle aller Lebewesen zu wirken. In einer seiner zahlreichen Verkörperungen hatte er Affengestalt angenommen und lebte meditierend auf dem weiten Dach der Welt. Außer ihm, so erzählt ein tibetischer Schöpfungsmythos, hauste in dieser verlassenen Felswüste nur eine wilde Riesin; diese aber bedrängte ihn beharrlich. Der Affe erbarmte sich schließlich der einsamen – und lüsternen – Riesin und zeugte mit ihr sechs Kinder: die ersten Tibeter. Der mitleidsvolle Chenrezig ist also nicht nur Schutzpatron, sondern auch leiblicher Stammvater der Tibeter.

Dass die irdische Gestalt, in der der Bodhisattva Chenrezig sich bis heute den Tibetern zeigt, immer der jeweilige Dalai Lama ist, hat seinen Ursprung in der Zeit des fünften Dalai Lamas Lobsang Gyatso (1617–1682), der diese Vorstellung nachdrücklich propagierte. Einmal als Dalai Lama offiziell anerkannt, lässt das Volk sich durch nichts abbringen von seiner Zuneigung und Überzeugung, den wahren Tulku und Chenrezig, ja das personifizierte Tibet selbst auf den Löwenthron in Lhasa gesetzt zu haben. Eine schwerwiegende Verantwortung für den Auserkorenen, denkt man unweigerlich, für den Betroffenen ist zu hoffen, dass auch er dieselbe unerschütterliche Gewissheit hat, tatsächlich derjenige zu sein, dem der Ehrentitel «Dalai Lama» gebührt. Erste natürliche Voraussetzung ist dabei der Glaube an die Wiedergeburt. Für den aktuellen vierzehnten Dalai Lama, der den Namen Tendzin Gyatso trägt, ist selbstverständlich, dass man *frühere oder zukünftige Leben [...] nicht auf der Grundlage ausschließen* kann, *daß sie nicht direkt wahrnehmbar seien.* Es

BODHISATTVA
Sanskrit für «Erleuchtungswesen», bezeichnet ursprünglich den historischen Buddha, bevor dieser den Zustand des Erwachens erlangte. Im späteren Mahayana-Buddhismus eine Person, die durch die Ausübung bestimmter Tugenden nach Weisheit und schließlich Buddhaschaft strebt, zugleich aber aus großem Mitleid gelobt, nicht ins Nirvana einzugehen, sondern weiter im Daseinskreislauf zu verbleiben, bis durch ihre Hilfe alle anderen Lebewesen auch erlöst sind. Man unterscheidet dabei zwischen überweltlichen Rettergestalten wie dem barmherzigen Chenrezig und irdischen Bodhisattvas. Während die überweltlichen Bodhisattvas die Erleuchtung bereits erlangt haben, unterscheiden sich irdische Bodhisattvas von gewöhnlichen Menschen durch besonders große Güte, ausgeprägtes Mitleid mit allen Lebewesen sowie ihr Streben nach Erleuchtung. Prinzipiell kann jeder das Gelübde auf sich nehmen, den altruistischen Weg eines Bodhisattva zu gehen.

wäre wohl voreilig, *eine Sache als nichtexistent* von sich zu weisen, *nur weil man sie selbst noch nicht gesehen hat.*[11] Dass Wiedergeburt prinzipiell eine quasi naturgesetzliche Realität ist, dessen ist Tendzin Gyatso sich sicher. Doch sieht er verschiedene Möglichkeiten, dieses Konzept zu deuten. Es muss dabei, anders als bei einer «Seelenwanderung», nicht unbedingt haargenau derselbe Mensch sein, der wiederkehrt, *sondern jemand anderer wird Nachfolger dieses früheren Wesens. Jemand, der die Aufgabe fortsetzt, die durch die frühere Reinkarnation nicht vollendet worden ist.* Er selbst sieht Anzeichen dafür, dass er *über die Reinkarnation in einer besonderen Beziehung mit dem V. und dem XIII. Dalai Lama steht: In meinen Träumen bin ich dem XIII. Dalai Lama verschiedene Male begegnet,* auch andere Hinweise deuten auf eine ganz besondere Nähe zu seinem Vorgänger. Damit meint er jedoch nicht, dass er mit der Person seines Vorgängers im Amt exakt identisch sei. *Wenn Sie mich also fragen, ob ich eine Reinkarnation sei, dann sage ich: Ja, das ist mein Glaube, meine Überzeugung. Ich bin eine Art Reinkarnation des Dalai Lama. Wenn Sie mich aber fragen, ob ich die gleiche Person wie der XIII. Dalai Lama sei, dann sage ich: Ich habe meine Zweifel. Ich weiß es nicht.*[12]

Das bedeutet in seinem Fall, dass er sich nicht unbedingt an die Leben früherer Dalai Lamas «als seine eigenen» erinnert, nur in tiefer Meditation gelingt es ihm wohl ein wenig. Aber *die neuen Eindrücke, die sich mit meinem jetzigen Körper verbinden, sind stärker. Die Vergangenheit ist kleiner, undeutlicher geworden. Wenn ich mich nicht besonders anstrenge, kann ich mich nicht daran erinnern.*[13]

Und doch fühlt er deutlich, einen Faden aufgenommen zu haben, den bereits der Große Fünfte und der Große Dreizehnte in Händen hielten, die beide wie keine anderen Dalai Lamas nicht nur die spirituellen, sondern auch die politischen Geschicke Tibets in besonderem Maß günstig beeinflussten. Beim dreizehnten Dalai Lama mutmaßte man, er besäße sogar politisches Verantwortungsgefühl über den (temporären) Tod hinaus: Könnte es nicht sein, dass er bewusst so frühzeitig verstorben sei, da er ahnte, welche schwierigen Zeiten auf Tibet zukommen würden? Könnte es nicht sein, dass er dieser ungewissen Zukunft reinkarniert und daher wieder mit der Kraft einer neuen Jugend entgegentreten wollte? Fest steht, dass er geradezu prophetisch das tibetische Volk und den nächsten Dalai Lama vor großen Gefahren gewarnt hat, die seiner Meinung nach von Chinas «barbarischen roten Kommunisten» ausgehen würden: «Es kann geschehen, daß hier im Herzen Tibets die Religion und die weltliche Verwaltung sowohl von außen wie von innen angegriffen werden. [...] Was die Klöster und die Geistlichkeit anbelangt, so werden ihre Ländereien und sonstigen Besitztümer zerstört werden. [...] Die Beamten des Staates, geistliche wie weltliche, werden ihre Ländereien enteignet und ihre übrigen Besitztümer beschlagnahmt finden, selbst aber zu Dienern ihrer Feinde gemacht werden oder wie Bettler im Lande umherziehen. Alle Wesen werden in große Not und übermächtige Furcht geraten; im Leid werden Tage und Nächte langsam vergehen.»[14]

Keine schönen Aussichten für seinen Nachfolger. Vielleicht also sogar ein kleines Glück, wenn dieser sich nicht detailliert an Leben und Visionen des dreizehnten Dalai Lamas zu erinnern vermag. Denn so sind ihm zumindest bis zu seiner Wiederauffindung drei unbeschwerte erste Lebensjahre vergönnt, in denen er sich wie jedes gewöhnliche, vielleicht etwas eigensinnige Kind benimmt – und auch so behandelt wird. Danach beginnt sein Leben als Institution, ein Leben, in dem die Privatperson völlig hinter dem Amt verschwinden wird, ein Leben, das nur als eingebettet in das Schicksal und die Geschichte Tibets betrachtet werden kann. Und wenn Tendzin Gyatso heute beständig äußert, er sei *nur ein einfacher Mönch*, sollte dies vielleicht weniger als bescheidene Zustandsbeschreibung des berühmtesten aller Buddhisten denn als eine der wenigen tatsächlich privaten Äußerungen über sein eigentliches Lebensideal betrachtet werden. Einfach *nur ein einfacher Mönch* sein dürfen. Gerade dies aber ist einem Dalai Lama nicht erlaubt.

DIE SUCHE NACH DEM NEUEN DALAI LAMA

Den neuen Dalai Lama zu finden war die wichtigste und zugleich schwierigste Aufgabe der Übergangsregierung unter dem von der tibetischen Nationalversammlung, dem Tshongdu, gewählten Regenten. Die Legitimität der Herrschaft eines neuen Dalai Lamas setzt immer voraus, dass das gefundene Kind, ohne dass auch nur der Hauch eines Zweifels aufkommen könnte, mit absoluter Sicherheit die Inkarnation des kürzlich verstorbenen ist. Ohne übernatürliche Hilfe wäre dies kaum letztgültig zu beweisen. Vorzeichen, Visionen und Wunder spielen daher bei Suche und Auffindung traditionell eine entscheidende und absichernde Rolle.

Zum Regenten nach dem Tod des dreizehnten Dalai Lamas im Dezember 1933 war Reting Rinpoche V. gewählt worden, mit gerade einmal zwanzig Jahren ein noch junger und politisch unerfahrener Lama. Für ihn sprach jedoch, dass er ein hoher Tulku war, der bereits verschiedentlich Wunder gewirkt haben sollte. Zudem hatte der Dalai Lama ihm kurz bevor er starb sein persönliches Wahrsagezubehör, bestehend aus einem Auslegungsmanuskript und Würfeln, geschenkt. Man deutete dies als Zeichen, dass er wünschte, Reting solle die neue Wiedergeburt finden.

Im Sommer 1935 begann Reting diese Suche, indem er mit großem Gefolge eine Pilgerschaft zu einem See in Südtibet unternahm. In den Wassern des Lhamolatso hoffte er, in einer Vision Hinweise auf den Aufenthaltsort des kleinen Dalai Lamas zu entdecken. Denn zu der Unsicherheit, ob der Dalai Lama nach ein oder zwei Jahren oder etwa noch später wiedergeboren werden würde, kam ein zweites gravierendes Problem: Die Tibeter leben in einem unendlich weiten und äußerst spärlich besiedelten Land. Nur etwa fünf Millionen Menschen[15] verteilen sich auf dem Dach der Welt über eine Fläche fast so groß wie Westeuropa. Nicht jede Gegend, die ausschließlich oder zumindest in großer Mehrheit von Tibetern bewohnt wurde, fiel historisch in den direkten Machtbereich der Dalai Lamas oder wurde zentral von Lhasa aus verwaltet. Gerade in den entlegenen Grenzregionen galt er wohl noch als spirituelles Oberhaupt, regiert wurde dort aber von lokalen Fürsten. Zum Teil und zu manchen Zeiten unterstanden diese östlichen Grenzgebiete sogar chinesischer Verwaltung. Man unterscheidet daher zuweilen das in strengem Sinn «politische Tibet» vom größeren «ethnographischen Tibet». Der tibetisch beeinflusste Kulturraum schließlich ist noch einmal größer als das politische und ethnographische Gebiet: Er reicht bis an den Südabhang des Himalaja, bis Ladakh, Nepal, Sikkim und Bhutan, im Norden erstreckt er sich bis ins flache Grasland der Mongolei. Ein weites Land also für eine Suchaktion zu Fuß und zu Pferd.

In Amdo, dem «Land der Pferde», weit weg von Zentraltibet, weit weg von der Hauptstadt Lhasa, liegt ein armes Dorf mit Namen Taktser. Dörfer wie dieses gibt es viele im Nordosten Tibets. Bald wird es in ganz Tibet und über dessen Grenzen hinaus bekannt sein, aber im Sommer 1935, als dort am 6. Juli ein Junge namens Lhamo Dhöndup im Stall eines Bauernhauses geboren wird, ahnt das noch niemand. Die Gegend ist schön, weniger karg als das tibetische Hochplateau. Blickt man nach Süden, so scheinen die Berge noch den Himmel zu durchbohren. Ihre Abhänge sind bedeckt von Wacholdersträuchern, Wildkräutern und Rhododendren, auch Nadel-, Pflaumen-, Pfirsich- und Walnussbäume wachsen hier. Schaut man nach Norden, öffnen sich weite Ebenen, in denen lange Zeit nur Nomaden umherstreiften. Einige Kleinbauern haben sich hier angesiedelt und trotzen der Unbeständigkeit des Wetters. Sie bauen Gerste an, das wichtigste Nahrungsmittel in Tibet. Ohne etwas von seiner großen Zukunft zu ahnen, die ihm bevorsteht, spielte das kleine Bauernkind Lhamo Dhöndup im Stall: *Meine Mutter pflegte die Dzomos,* eine Kreuzung von Yak und Rind, *selbst zu melken, und sobald ich gehen gelernt hatte, lief ich ihr gewöhnlich in den Stall nach, den Napf in den Falten meines Gewandes verborgen, um ihr Milch, warm vom Dzomo, abzubetteln. Auch Hühner besaßen wir, und ich durfte im Hühnerstall die Eier suchen. Es gehört zu meinen frühesten Erinnerungen, daß ich in einen der Brutkästen kletterte, mich dort zusammenkauerte und wie eine Henne gackerte.*[16]

Keine leichte Aufgabe für den Regenten Reting, diese winzige Stecknadel in den Heuhaufen Tibets zu finden, zumal das gesuchte Kind selbst nichts von seiner Bestimmung wusste, ihm also keine Hilfe sein konnte. Ein Jahr nach seiner Pilgerreise zum Lhamolatso im Sommer 1936, es waren nun gut zweieinhalb Jahre seit dem Tod des letzten Dalai Lamas vergangen, berief Reting die Nationalversammlung ein. Er wollte ihre Zustimmung, nun Suchtrupps einzusetzen, denn zumindest die Himmelsrichtung schien mittlerweile klar zu sein: Nordosten. Der Regent hatte die vergangenen Monate damit zugebracht, über seine Vision zu grübeln: drei Buchstaben des tibetischen Alphabets (a, ka und ma), ein Kloster mit einem dreistufigen türkisen Dach und einer vergoldeten Pagode, ein sich in Richtung eines kahlen Hügels windender Weg im Osten des Klosters, ein einstöckiges Haus mit blauem Dach.[17] Was hatte das zu bedeuten? Reting hatte immer wieder andere hohe Lamas konsultiert, Orakel befragt, meditiert. Inzwischen aber war er sich sicher, dass der Buchstabe «a» ein Hinweis auf die Region Amdo sei. Man erinnerte sich nun auch an andere Zeichen, die diese Theorie passend stützten: Hatte sich nicht der Kopf des toten Dalai Lamas während der tagelangen Einbalsamierungsprozedur wiederholt von Süden nach Nordosten gedreht? War nicht im selben Raum ein merkwürdiger Pilz an einem Pfosten in der nordöstlichen Ecke gewachsen? Hatten nicht die Staatsorakel in Trance zeremonielle Schals in ebendiese Himmelsrichtung geworfen?

Es gab aber auch andere Stimmen, die einwandten, es gebe doch bereits einen viel versprechenden Kandidaten direkt in Lhasa: Immerhin hatte ein Pferd des alten Dalai Lamas sich losgerissen und war geradewegs zum Haus eines zufällig mit dem Premierminister Langdün verwandten Kindes gerannt, gerade so, als wolle es heimkehren zu seinem Besitzer. Doch Reting gewann den Streit um die richtige Deutung der übernatürlichen Zeichen. Man konzentrierte die Suche also auf die östlichen Provinzen, besonders auf Amdo. Politisch war dies durchaus brisant, denn Amdo war zwar immer Teil des ethnographischen Tibets gewesen, zu dieser Zeit aber chinesisch kontrolliertes Gebiet. Wollte man vermeiden, dass die dortigen chinesischen Machthaber aus der Tatsache, dass der neue Dalai Lama auf ihrem Hoheitsgebiet gefunden würde, irgendwie Kapital zu schlagen versuchten, musste man sehr unauffällig vorgehen. Wer wollte schon riskieren, dass dem Dalai Lama, sollte er dort gefunden werden, rein aus Anstand und Respekt natürlich, eine enorm große Eskorte zum Geleit gegeben würde – und so unversehens chinesische Truppen in Lhasa einzögen!

Drei Suchdelegationen sandte die Nationalversammlung aus.

DAS STAATSORAKEL NECHUNG
In allen wichtigen Staatsangelegenheiten konsultiert der Dalai Lama das auf schamanistische Kulte zurückgehende Orakel Nechung. Mit schwerem Kopfschmuck und in Brokatgewänder gekleidet fällt der als Medium dienende Mönch unter dem Klang von Hörnern, Trommeln, Zimbeln und Gebeten tanzend in Trance. Sein Körper dient nun als Gefäß für den Geist Dorje Drakden, eine übernatürliche Schutzgottheit der Dalai Lamas. Diesem kann der Dalai Lama nun Fragen stellen, die der Geist zischend, mit einem Stift kritzelnd oder durch Gesten beantwortet. Verlässt Dorje Drakden den Körper des Mönches, fällt dieser bewusstlos zu Boden.

Der Mönch Ketsang[18] Rinpoche aus dem Kloster Sera führte seine vierköpfige Gruppe Richtung Amdo, wo sie im Februar 1937 in Jyekundo auf den neunten Panchen Lama trafen. Dieser ist nach dem Dalai Lama der zweithöchste Tulku der Gelugpa-Schule. Die Panchen Lamas bekleideten traditionell keine politischen Ämter, fungierten aber nach dem Tode eines Dalai Lamas als dessen spirituelle Stellvertreter und waren in der Zeit schwacher Dalai Lamas oft sehr mächtig. Der Panchen Lama sandte Ketsang weiter nach Osten, bis zum Kloster Kumbum, wo er drei interessante Kinder gesehen hatte. Und da war es, ein Kloster, genau wie Reting es beschrieben hatte. Im Nachhinein ließen sich damit auch die Buchstaben «ma» und «ka» erklären: «Ma» bedeutete also wohl «unter», also der untere, östliche Teil Amdos. Und «ka» sollte auf den Anfangsbuchstaben des Wortes «Kumbum» hinweisen.[19]

Höchst erfreulich, denn Kumbum war spirituell wie strategisch interessant: Dies war ein wichtiger Knotenpunkt des asiatischen Handelsverkehrs, kreuzten hier doch die Karawanenstraßen von Kaschgar, Urga und Beijing jene aus Sichuan, Lhasa und Tsaidam. Seit Jahrhunderten war Kumbum zudem äußerster Vorposten des tibetischen Buddhismus im Grenzgebiet zu China. Das Kloster war zu Ehren des herausragenden Gelehrten Tsongkhapa (1357 bis 1419) vom dritten Dalai Lama 1582 an dessen Geburtsort errichtet worden: Schließlich war einer der wichtigsten Schüler Tsongkhapas der erste Dalai Lama gewesen. Kumbum war im Laufe der Zeit ein Brennpunkt politischer Interessen und ein Machtfaktor ersten Ranges geworden. *Der östliche Distrikt, in dem wir wohnten*, erinnert sich der vierzehnte Dalai Lama, *stand zwar unter der weltlichen Herrschaft Chinas, Thubten Gyatso*, der dreizehnte Dalai Lama, *aber war sein geistliches Oberhaupt.*[20] Hier, außerhalb des politischen Tibets, nun den neuen Dalai Lama zu finden könnte sehr wohl auch als Zeichen des politischen Machtanspruchs auf dieses Gebiet verstanden werden.

Bis in den Sommer suchte die Gruppe – mit durchwachsenem Erfolg, was wundersame Zeichen betraf – in der Umgebung Kumbums nach kleinen Jungen. Zehn, zwölf brauchbare Kandidaten fand man, dazu die drei Kinder, die dem Panchen Lama zuvor schon aufgefallen waren. Darunter befand sich auch der aufgeweckte Bauernsohn Lhamo Dhöndup aus Taktser, das nicht weit von Kumbum lag. Man beschloss, den Kleinen unauffällig zu beobachten. Um den wahren Zweck des Besuchs zu verschleiern, gab die Suchdelegation sich als Reisegruppe aus und klopfte an die Tür des Kleinbauern Chökyong Tsering und seiner Frau Dekyi.[21] *Hier fanden sie das jüngste Kind der Familie. Sobald der Kleine den Lama erblickte, ging er auf ihn zu und wollte unbedingt auf dessen Schoß. Der Lama [Ketsang] hatte sich durch einen Mantel, der mit Lammfell gefüttert war, unkenntlich gemacht, aber um den Hals trug er einen Rosenkranz, der dem Dreizehnten Dalai Lama gehört hatte. Der Bub entdeckte diesen Rosenkranz und bettelte darum. Der Lama versprach, ihm den Rosenkranz zu geben, wenn er herausbrächte, wer er sei. Darauf erwiderte das Kind, er sei «Sera-aga», was im Dialekt der Gegend soviel wie «Lama von Sera» bedeutet. Es stimmte. Früh am nächsten Morgen, als sie sich zum Aufbruch vorbereiteten, kletterte der Knabe aus seinem Bett und wollte sich nicht davon abbringen lassen, mit den Fremden zu gehen. Dieses Kind war ich.*[22]

Ein tibetisches Sprichwort sagt: Jedem Tal seinen Dialekt, jedem Lama seine Religion. Leider hörte außer dem Suchtrupp niemand die der Überlieferung nach nun folgende dreistündige Unterhaltung des zweijährigen Lhamo Dhöndup mit den Lamas. «Sie sagten mir hinterher, sie hätten im Lhasa-Dialekt mit ihm gesprochen, und er hätte ihnen ohne Schwierigkeiten geantwortet, obwohl er diese Mundart nie zuvor gehört hatte»[23], erinnert sich seine Mutter. Ein erstes Wunder, denn für gewöhnlich wird in dieser Gegend ein anderer Dialekt des Tibetischen, Tsongkha, oder auch Chinesisch gesprochen. Die Gyayum Chenmo, «Große Königliche Mutter» Tibets, wie Dekyi Tsering als Mutter des neuen Dalai Lamas bald genannt wurde, gestand ihrerseits, in der ersten Zeit nach der Umsiedlung in die Hauptstadt große Verständigungsschwierigkeiten gehabt zu haben: «Ich brauchte zwei Jahre, um den Lhasa-Dialekt zu lernen.»[24]

Aber Wunder benötigt man nun mal als Beweise, den richtigen Jungen gefunden zu haben. Vielleicht ist es deshalb nicht allzu erstaunlich, wie früh die Tibeter begannen, Legenden um die Auffindung des vierzehnten Dalai Lamas zu spinnen. Mythenhaft entrückt scheint das Geschehen, kaum hat man das Gefühl, als spreche man über Ereignisse in der Kindheit eines Mannes, der 1935, also im selben Jahr wie Elvis Presley, geboren wurde. Viele Ausschmückungen – Regenbogen, ein besonderes Krähenpaar, selbst Missernten und sterbendes Vieh können als bedeutungsvolle Zeichen gelesen werden – scheinen erst nachträglich in Lhasa entstanden zu sein. Allgemeine Darstellungen und Biographien folgen so gut wie ausschließlich den malerischen Schilderungen Sir Charles Bells, eines Tibet-erfahrenen britischen Karrierediplomaten, der schon im Winter 1920 für ein Jahr in Lhasa gelebt und den dreizehnten Dalai Lama gut gekannt hatte. Bell selbst scheint sich in seinen Schilderungen auf den «Report on the Discovery, Recognition and Installation of the Fourteenth Dalai Lama» von Sir Basil Gould zu beziehen. Dieser war in den 1930ern oberster politischer Beamter im britischen Protektorat Sikkim an Tibets Südgrenze, von wo er mehrere offizielle Reisen nach Lhasa unternahm. Auch bei der Inthronisation des vierzehnten Dalai Lamas war er zugegen. Aber selbst der Dalai Lama folgt in seiner Autobiographie einer gewissermaßen standardisierten Geschichte. Eigene Erinnerungen an die Vorgänge scheint er nicht zu haben.

Weitere Prüfungen im Haus seiner Eltern bestanden hauptsächlich darin, die richtigen Gegenstände zu wählen: Dem kleinen Jungen wurden unter anderem zwei gleiche schwarze Rosenkränze hingehalten, aber nur einer davon hatte dem letzten Dalai Lama gehört: *Als sie mir beide darboten, ergriff ich denjenigen, der ihm gehört hatte, und legte ihn mir – wie man mir später erzählte – um den Hals.* Als Letztes zeigte man ihm zwei Wanderstäbe: *Ich faßte den falschen an, hielt dann inne und betrachtete ihn eine Weile; schließlich nahm ich den anderen, der dem Dalai Lama gehört hatte, und behielt ihn in der Hand. Über mein Zögern verwundert, fand man später heraus, daß auch der erste Wanderstab eine Zeitlang vom Dalai Lama benutzt worden war. Er hatte ihn später einem Lama verehrt, der ihn wiederum an Kewtsang Rinpoche weiterverschenkt hatte.*[25] Eine höchst glückliche Lösung des Problems, dass er wohl zuerst den falschen Stab gewählt hatte.

Die ersten Prüfungen waren also zur Zufriedenheit bestanden, ihr Zweck vor der Familie erfolgreich verheimlicht: *Daß ich die Reinkarnation des Dalai Lama selbst sein könnte – daran dachten meine Eltern nicht im Traum.*[26] Man schickte einen geheimen Boten nach Lhasa und ließ fragen, ob man die anderen Kandidaten noch prüfen solle. Die Antwort ließ einige Monate auf sich warten, lautete aber erfreulicherweise, dass der Junge aus Taktser sicher der Richtige sei. Er sollte so bald als möglich, ohne großes Aufsehen zu erregen, nach Lhasa gebracht werden. Möglicherweise war es also keine echte Prüfung, sondern ein politischer Kniff, dass die anderen potenziellen Kandidaten aus Amdo doch noch einberufen wurden. So versuchte man zu vermeiden, dem chinesischen Provinzgouverneur Ma Bufeng frühzeitig zu signalisieren, dass man sich bereits endgültig entschieden hatte. Doch leider schien dieser etwas zu ahnen. Bereits im Lauf des Jahres 1938 verdichteten sich die Gerüchte um Lhamo Dhöndup derart, dass chinesische Fotografen im Dorf erschienen und ihn ablichteten.[27] Nun war der halbautonom regierende Moslem Ma Bufeng der Familie Tsering auch kein Unbekannter. Dekyi Tsering kannte ihn seit ihrer Kindheit über Brüder ihres Vaters. Als der Gouverneur im Winter 1938/39 die Eltern des hoffnungsvollen Kandidaten mit ihrem jüngsten Sohn zu sich befahl, reiste die Familie unverzüglich in die Provinzhauptstadt Siling. Auch andere junge Anwärter waren dort versammelt, um sich ebenfalls examinieren zu lassen. Wie viele Prüfungen dort unter den Augen Ma Bufengs stattfanden, ist unklar, doch eine *war recht einfach: Er hielt uns allen eine Schachtel mit Süßigkeiten hin. Einige der Knaben waren zu verschüchtert, zuzugreifen,* andere disqualifizierten sich durch übermäßige Gier. *Ich aber – erzählte man mir – begnügte mich mit einem einzigen Stück und aß es manierlich auf.*[28]

Nicht erwähnt wird in der Autobiographie des Dalai Lamas eine öffentliche Variante der Gebetsschnur-Prüfung, wie sie dem deutschen Jesuitenmissionar und Forscher Matthias Hermanns berichtet wurde. Dieser lebte in den 1930er und 40er Jahren in Amdo, konnte die Ereignisse also als wahrscheinlich einziger neutraler Beobachter direkt verfolgen. Sein Bericht erscheint insgesamt nüchterner, «wunderfreier» als der offizielle. Man erfährt etwa, dass Vater und Bruder des kleinen Lhamo sich nicht einig waren, ob dieser nun «am 5. im 5. Monat des Schweine-Jahres» (der Vater) oder «am 15. im 6. Monat»[29] (der Bruder) 1935 geboren wurde.[30]

Im Gespräch mit Hermanns im Kloster Kumbum berichtete der an der Suche beteiligte Mönch Kelsang Rinpoche zudem nichts von privaten, sondern nur von öffentlichen Prüfungen. Dazu habe man alle Kandidaten unter seiner Aufsicht in einen Saal geführt. Auf einem großen Tisch ausgebreitet lagen viele verschiedene Gegenstände, einige hatten dem verstorbenen Dalai Lama gehört. Die Kinder mussten einen beliebigen Gegenstand auswählen und griffen zu. Doch nur einer fasste nach der Gebetsschnur des dreizehnten Dalai Lamas: Lhamo Dhöndup. Nun, möchte man sagen, immerhin ist es dasselbe Kind. Wann und wo genau es richtige Gegenstände ergriffen hat, ist vielleicht nicht so wichtig. Ma

Bufeng jedenfalls überzeugten die Prüfungen, und das Gefeilsche um den Jungen begann unverzüglich. Er riet den Tserings eindringlich, «das Kind in das Kloster Kumbum zu geben, das ja ebenfalls auf chinesischem Hoheitsgebiet lag. Meine Eltern empfanden das als einen Befehl»[31], erinnert sich Thubten Jigme Norbu, der älteste Bruder Lhamo Dhöndups. Der Kleine war de facto eine Geisel, war bereits mit drei Jahren zum Spielball der Politik geworden.

Während der zähen Streitigkeiten um Lösegeldzahlungen lebte der dreijährige Lhamo Dhöndup also im Kloster Kumbum. Ein kleiner Trost: Zwei seiner Brüder waren bei ihm. Lhamo Dhöndup war das fünfte von sieben überlebenden Kindern der Familie. Nach der ersten Tochter, Tsering Dölma (1919–1964), kam ein Sohn, der vom dreizehnten Dalai Lama den Namen Thubten Jigme Norbu (geb. 1922) erhielt, nachdem er als Achtjähriger als Tulku des «Taktser Rinpoche» erkannt wurde. Eine kleine Familientradition, denn vor ihm war bereits ein Onkel väterlicherseits dieser Tulku gewesen; Verwalter des zugehörigen ausgedehnten Klosterbesitzes war wiederum ein anderer Onkel. Es folgten Gyalo Dhöndup (geb. 1928), der einzige Sohn, der keine Klosterlaufbahn einschlagen sollte, und Lobsang Samten (1933–1985). Dieser war bereits als Zweijähriger zu Thubten Jigme Norbu ins Kloster Kumbum geschickt worden. Es war nicht ungewöhnlich, wenn eine Familie einen oder mehrere Söhne von klein auf Mönch werden ließ; in Tibet lebte damals mehr als ein Viertel aller Männer in Klöstern.[32] Ungewöhnlich war hingegen, dass eine Mutter gleich drei Tulkus gebären sollte, denn nach der Tochter Jetsun Pema (1940) brachte die Gyayum Chenmo noch Tendzin Chögyal (1946) zur Welt, der sich als Inkarnation des «Ngari Rinpoche» von Ladakh erwies. Von ihren vier Mönchssöhnen sollten allerdings drei ihren Status als Mönche im Lauf ihres Lebens wieder aufgeben. Hochverehrte Tulkus blieben sie für die Tibeter aber dennoch.

Das Tulku-Prinzip hatte sich gegen Ende des 13. Jahrhunderts in Tibet etabliert. Nüchtern betrachtet liegen die Vorteile dieses Systems auf der Hand: In den von zölibatären Mönchen bewohnten buddhistischen Klöstern Tibets bilden Tulkus eine Möglichkeit, trotz des Fehlens biologischer Erben Kontinuität zu bewahren, indem sie gleichermaßen die spirituelle wie die ökonomische Erbfolge sichern. Das als Tulku anerkannte Kind übernimmt schon von klein auf nicht nur die religiösen Aufgaben seines Vorgängers, sondern erbt auch dessen gesamtes Vermögen. Dies konnte im Rahmen des tibetischen Feudalsystems große Ländereien bedeuten: Schätzungen gehen davon aus, dass im alten Tibet immerhin fast vierzig Prozent des bebaubaren Ackerlands – und die erblich daran gebundenen Arbeitskräfte – in klerikalem Besitz waren.[33] Von Nachteil kann diese Form der Weitergabe hingegen sein, wenn mit der Inkarnation auch politische Aufgaben verbunden sind. So kann ein sehr junger Dalai Lama zwar erfolgreich segnen und erfährt vom Tag seiner Inthronisation an die gleiche Achtung, Hingabe und Verehrung, die auch dem erwachsenen Dalai Lama zuteil wird, regieren im Sinn politischer Führung aber kann das Kind noch nicht. Politische Kontinuität ist also nicht garantiert, da vom Zeitpunkt des Todes des einen Dalai Lamas über das Auffinden und Heranwachsen des nächsten ein kritisches Machtvakuum entsteht. In dieser Zeit des Übergangs herrscht daher ein von der Nationalversammlung gewählter Regent für das minderjährige Kind. Frei von eigenen Machtinteressen ist der Regent in dieser Zeit sicher nicht, dass er jedoch jeglichen Anspruch auf Herrschaft aufgibt, sobald der Dalai Lama die Volljährigkeit erreicht, ist selbstverständlich.

Doch bis der Regent dem vierzehnten Dalai Lama die Macht übergeben sollte, würden noch einige Jahre vergehen, schließlich befand sich der Dreijährige noch nicht einmal in Lhasa, sondern harrte seit Winter 1938 im Kloster Kumbum des weiteren Geschehens. Und er war trotz der Anwesenheit zweier Brüder über seinen Aufenthalt in diesem Kloster nicht im Geringsten erfreut: *Alles in allem war ich in dieser Phase meiner Kindheit aber doch einsam und unglücklich. Hin und wieder pflegte mich Samtens Erzieher auf den Schoß zu nehmen, mit seinem Gewand zu umhüllen und mir getrocknete Früchte zuzustecken; das sind nahezu meine einzigen tröstlichen Erinnerungen an jene Zeit.*[34] Er fühlte sich von seinen Eltern verraten, im Stich gelassen. «In Tränen aufgelöst» flehte er den überforderten sechzehnjährigen Bruder Thubten Jigme Norbu an, «ihn nach Hause zu bringen»[35]. So gesehen scheint es auch nicht verwunderlich, dass er das Bild, das er von der Heimat seiner ersten drei Lebensjahre vor seiner Entdeckung in der Erinnerung bewahrt hat, höchst impressionistisch zeichnet: Er malt ein verklärtes Land unschuldiger Kindheit; er suggeriert ein verlorenes Märchenland, ein buddhistisches Paradies, wenn er das Dorf Taktser mit seinen fünfzehn tibetischen und zwei chinesischen Bauernfamilien darstellt: *Die Gegend war herrlich. Unser Dorf lag auf einem kleinen Plateau inmitten fruchtbarer Weizen- und Gerstenfelder. Die Hochebene wiederum ist umgeben von Hügelketten, auf denen dichtes Gras von leuchtend grüner Farbe wächst [...], am Gipfel schimmert ein Flecken ewigen Schnees. [...] Aus zahlreichen Quellen stürzt kristallklares Wasser in Kaskaden talwärts, und die Vögel und die Tiere der Wildnis – Hirsche, Wildesel, Affen, hin und wieder ein Leopard, Bären und Füchse – tummelten sich hier, vom Menschen unbehelligt; denn da unser Volk der Lehre Buddhas anhing, hätte niemand willentlich einem lebenden Wesen ein Leid zugefügt.*[36]

Das Kloster Kumbum war zwar noch nicht weit entfernt von Taktser, aber ein erster Schritt auf einem Weg, der ihn immer weiter von seiner Heimat entfernen würde. In der weitläufigen Klosteranlage saß er also und wartete, der inoffizielle neue Dalai Lama, Lhamo Dhöndup mit Rufnamen und neben dem tibetischen

«Tsering» wohl auch «Qi» mit einem chinesischen Familiennamen genannt, denn chinesische Sippennamen waren in dieser Grenzregion nicht ungewöhnlich. Mit diesem stellt er sich auch dem ersten Ausländer vor, der den künftigen Dalai Lama etwa 1939 im Kloster Kumbum zu Gesicht bekam, dem bereits erwähnten Jesuiten Hermanns. Der erinnert sich an das erste Treffen mit dem Vierjährigen: «Er spielte an meinem Photoapparat herum und versuchte auch, meine Brille auf seine Nase zu setzen. Mir schoß der Gedanke durch den Kopf: Das ist das gesuchte Kind.» Hermanns fragte einen anwesenden Mönch, ob «der Knabe die Wiedergeburt des Dalai» sei. «‹Fragen Sie ihn doch selbst›. ‹De mo yin? Geht es dir gut?›» Verdutzte Blicke aus großen Kinderaugen. «Er versteht kein Tibetisch, die Eltern sprechen zu Hause nur Chinesisch», bemerkte ein anwesender Mönch. «Ich wiederholte meinen Gruß auf Chinesisch: ‹Ni hau ma?› Geht es dir gut? [...] ‹Hau! Ni hau ma!› Mir geht es gut; geht es dir auch gut? Ich fuhr fort: Wie heißt du denn? ‹Mein Name ist Tchi.›»[37]

Da Hermanns bereits andere Mitglieder der Familie des Kleinen kennen gelernt hatte und in durchaus freundschaftlichem Kontakt mit ihnen stand, wunderte er sich, dass diese ihm nie stolz die am Körper eines Dalai Lamas sichtbaren Zeichen zeigen wollten: Der echte irdische Bodhisattva Chenrezig, so lautet die Überlieferung, trägt den Abdruck einer Tigerhaut auf den Schenkeln. Blickt aus verlängerten Augenschlitzen mit gekrümmten Wimpern. Besitzt auffallend große Ohren, zudem zwei Fleischwulste auf den Schultern, welche zusätzliche Arme andeuten sollen. Hat den Abdruck einer Muschel in der Hand. Auch Kelsang Rinpoche erwähnte Hermanns gegenüber nichts von diesen leicht überprüfbaren äußeren Merkmalen, die das Kind als echte Inkarnation ausweisen könnten.[38] Was er hingegen berichtet, ist, dass Lhamo Dhöndup der Favorit der Suchdelegation in Amdo sei, es aber noch zwei weitere Kandidaten – einen in Lhasa, einen in Lithang –

gebe, für die der Anspruch auf den Titel «Dalai Lama» erhoben würde. Alle drei sollten nach Lhasa gebracht werden, wo der richtige Kandidat ausgelost werden würde, bestätigt auch Dekyi Tsering: «Es hieß, die Namen der Kandidaten würden in eine Schale geworfen, und dann würde mit einem Paar goldener Essstäbchen ein Name ausgewählt.» Trotzdem war sie zumindest im Nachhinein fest überzeugt, «dass sie sich eigentlich bereits für meinen Sohn entschieden hatten».[39]

Doch die Abreise verzögerte sich, Ma Bufeng wollte sein Goldkind nicht so leicht ziehen, sondern sich teuer auslösen lassen. Die bereits bezahlten einhunderttausend chinesischen Silberdollar[30] Lösegeld erwiesen sich als nicht ausreichend, Lhasa wurde mit Nachzahlungsforderungen von dreihunderttausend Dollar[41] konfrontiert. Das Kloster Kumbum sah sich angesichts der herben Enttäuschung, dass der Kleine noch nicht in seinen Mauern offiziell als neuer Dalai Lama anerkannt wurde, ebenfalls leider nicht imstande, den Kandidaten ziehen zu lassen. Erst *eine Reihe Schriften, mit Goldtinte gemalt, und eine komplette Garnitur von Kleidern des Dreizehnten Dalai Lama*[42] sowie einer seiner Throne ließ dieses Ärgernis verwinden.

Die zweite Geldübergabe sollte mit Hilfe einer Pilgerkarawane chinesischer Muslime, die nach Mekka reisten, vonstatten gehen. Sie streckten nicht nur die Silbermünzen an Ma Bufeng vor, sie fungierten auch als Eskorte des Anwärters aus Amdo auf die Dalai-Lama-Würde. Nur wenn Ma Bufeng sich an die Spielregeln hielte, würde man den Pilgern, sobald sie Indien erreichten, die Summe in Rupien zurückzahlen. Der Gouverneur Ma sollte also bei seiner muslimischen Ehre gepackt werden. Der Schachzug gelang: Lhamo Dhöndup, der unglückliche, gelangweilte, einsame kleine Junge, der es gewohnt war, sich still für sich allein zu beschäftigen, konnte aufhören, «Reisebeginn» zu spielen. *Immerfort schnürte ich Pakete, belud mich und mein Steckenpferd mit ihnen und trabte von dannen*[43], erzählte ihm später einmal seine ältere Schwester Tsering Dölma über diese Zeit. Nun wurde aus dem Spiel kurz nach dem vierten Geburtstag des Jungen Ernst. Über zwei Jahre nachdem die Suchdelegation in Kumbum angekommen war, brach die Karawane am 21. Juli 1939 Richtung Lhasa auf.

Einen Monat später, am 23. August, konnte der mächtige Arm Ma Bufengs die über das tibetische Hochplateau ziehende Karawane nicht mehr erreichen, und der tibetische Staatsrat, der so genannte Kashag, und die Nationalversammlung erklärten den Jungen aus Taktser – ohne dass die Karawane dies unterwegs mitbekam – offiziell zum vierzehnten Dalai Lama Tibets. Ob das von Kelsang Rinpoche und Dekyi Tsering angedeutete Losverfahren zwischen drei Kandidaten jemals stattgefunden hat, ist unklar. Vielleicht war es eine geschickte Finte Lhasas, um die Wichtigkeit des Jungen herunterzuspielen, indem man ihn nur als einen möglichen Kandidaten betrachtete, denn ein anerkannter Dalai Lama wäre vielleicht noch teurer geworden. Wahrscheinlich jedenfalls hätte er die befürchtete zahlenstarke chinesische Eskorte bekommen, die man unter keinen Umständen in Lhasa haben wollte.

Drei Monate und dreizehn Tage sollte unsere Reise dauern.[44] Mit von der Partie waren die Eltern – die Mutter hochschwanger – und die Brüder Gyalo und Samten. Es gab in Tibet damals keine befahrbaren Straßen, also auch keine Fahrzeuge mit Rädern. Die beiden Kleinsten, Lhamo Dhöndup und Lobsang Samten, wurden daher in einer von zwei Maultieren – eins vorn, eins hinten – getragenen Sänfte transportiert. Wochenlang reiste die kleine Karawane durch das karge und kaum besiedelte Land; nur hin und wieder begegnete sie einigen Nomaden.

Da schaukelt ein Kind seiner Zukunft entgegen und kann nicht wissen, dass die entscheidenden Weichen für sein ganzes Leben nun unumkehrbar gestellt sind. Ein Leben als selbstbestimmte Privatperson ist ihm auf immer verwehrt. Es wird getrennt von seiner Familie aufwachsen. Protokollfragen werden sein Leben bestimmen. Es wird das nationale Symbol Tibets, mehr Institution als Mensch sein. Hätte es die Wahl gehabt, ob es diese große Aufgabe wohl angenommen hätte? Nun bleibt ihm nur, in sie hineinzuwachsen.

Fünfzehn Tagesmärsche vor Lhasa traf man auf die ersten Abgesandten der Regierung, und erst *in diesem Augenblick wurde es meinem Vater und meiner Mutter zur Gewißheit, daß ihr jüngster Sohn die Reinkarnation des Dalai Lama war*[45]. Immer mehr Menschen schlossen sich der Karawane an, auch Repräsentanten aus Bhutan, Nepal und China, sowie der Leiter der Britischen Mission in Lhasa, Hugh Richardson. *Tausende von Mönchen mit bunten Fahnen säumten beide Seiten unseres Weges.*[46] Einige Monate später fand am vierzehnten Tag des ersten Monats im Eisen-Drachen-Jahr nach dem tibetischen Kalender (22. Februar 1940), begleitet von ausgedehnten sakralen Handlungen, im Potala-Palast über Lhasa die feierliche Einsetzung des neuen Dalai Lamas auf den Löwenthron statt. Man erzählte ihm später, *alle Teilnehmer seien entzückt darüber gewesen, wie ich, der ich doch noch so klein war, meine Rolle mit so viel Würde hatte durchhalten können*[47].

Mit dem neuen Leben kommen neue Namen. So nennt selbst seine Familie und nächste Umgebung den Vierjährigen von nun an nur noch ehrfurchtsvoll «Kundün», die «Anwesenheit (Buddhas)». Die Tibeter kennen ihn zudem als ihr «Yeshe Norbu», «Juwel der Weisheit», oder als «Gyalwa Rinpoche», «Kostbarer Sieger» und «Gyalpo Rinpoche», «Kostbarer König». In der westlichen Welt hat es sich eingebürgert, ihn meist mit «Seine Heiligkeit» oder mit seinem wichtigsten Titel «Dalai Lama» anzureden. Sein vollständiger offizieller Mönchsname lautet jedoch «Jampel Yeshe Ngawang Lobsang Tendzin Gyatso», zu Deutsch: «Die sanfte Pracht, die Weisheit, der Herr der Sprache, das edle Herz, der Ozean der Weisheit» – er selbst benutzt meist nur die beiden letzten Namen: Tendzin Gyatso. Und mit Tendzin Gyatsos Einzug in Lhasa war der Löwenthron endlich nicht mehr verwaist, *und alle Tibeter glaubten, eine glückliche und gesicherte Zukunft stehe ihnen bevor*[48].

DIE INSTITUTION DER DALAI LAMAS

Die Traditionslinie der Dalai Lamas entstammt der als letzte gegründeten buddhistischen Schule in Tibet, der «Gelugpa». Sie betraten die buddhistische Bühne Tibets erst recht spät. Der zu den Gelugpa gehörende Sönam Gyatso war der erste Mönch, dem 1578 der Ehrentitel «Dalai Lama» verliehen wurde. Er galt aber bereits als zweite Wiederkehr eines Hauptschülers des Ordensgründers Tsongkhapa, weshalb seinen beiden Vorgängern später postum ebenfalls der Titel «Dalai Lama» zugesprochen wurde. Der offiziellen Zählung nach ist Sönam Gyatso daher bereits der dritte Dalai Lama. Sönam Gyatso war ein außergewöhnlicher Gelehrter und sehr erfolgreicher Missionar. Zwar unterhielten auch Lamas anderer Schulen Beziehungen zu den mongolischen Nachbarvölkern, doch es war Sönam Gyatso, dem es 1578 gelang, den Mongolenfürsten Altan Khan, einen Nachfahren Dschingis Khans, zu bekehren. Altan Khan revanchierte sich mit der Verleihung eines mongolischen Titels «Tale» (Tibetisch: «Dalai»), was so viel wie «Ozean» bedeutet und als Anspielung auf Sönam Gyatsos Wissen ausgelegt wird. Der Dalai Lama ist also der «Lehrer (dessen Wissen so groß ist wie der) Ozean»[49]. Sönams unermessliches Wissen kannte man wohl auch in Tibet, denn sein tibetischer Name Gyatso steht ebenfalls für Ozean.

Die Verbindung zu einem mächtigen Mongolenstamm legte den Grundstein für die spätere politische Vormachtstellung der Gelugpa in Tibet, die unter dem fünften Dalai Lama gefestigt werden sollte. Zudem sicherte Sönam Gyatso den Gelugpa eine starke

Schutzmacht gegen die rivalisierende Karmapa-Schule und deren expansionsfreudige Alliierte, die Könige der Provinz Tsang. Sicher nicht abträglich war in diesem Zusammenhang auch, dass der vierte Dalai Lama Yönten Gyatso als einziger Dalai Lama kein Tibeter, sondern mongolischer Abstammung war – und zudem ein Urenkel Altan Khans.

Es folgt der beeindruckende Auftritt des «Großen Fünften» Lobsang Gyatso. Charismatisch, entschlossen, charakterstark, gelang es ihm als erstem theokratischem Dalai Lama, spirituelle wie weltliche Macht auf seine Person zu vereinen. So begründete er das kirchenstaatliche Regierungssystem Tibets und schuf die Grundlage für einen religiösen Nationalismus – in einer Zeit, als in Europa der durch die Reformation ausgelöste Säkularisierungsprozess die Macht der Kirche bereits minderte. Er hinterließ ein großes Korpus an Texten, weit mehr als seine vier Vorgänger zusammen: Biographien, eine Geschichte Tibets, religiöse Kommentare, aber auch Schriften zu klassischer indischer Dichtkunst, Grammatik und Astrologie.[50] Seinem wichtigsten Lehrer Lobsang

DIE DALAI LAMAS

Dalai Lama I.
  Gedün Drub (1391–1474)
Dalai Lama II.
  Gedün Gyatso (1475–1542)
Dalai Lama III.
  Sönam Gyatso (1543–1588)
Dalai Lama IV.
  Yönten Gyatso (1589–1617)
Dalai Lama V.
  Lobsang Gyatso (1617–1682)
Dalai Lama VI.
  Tsangyang Gyatso (1683–1706)
Gegen-Dalai Lama VI.
  Yeshe Gyatso (1706–1717)
Dalai Lama VII.
  Kelsang Gyatso (1708–1757)
Dalai Lama VIII.
  Jampel Gyatso (1758–1804)
Dalai Lama IX.
  Lungtog Gyatso (1805–1815)
Dalai Lama X.
  Tsültrim Gyatso (1816–1837)
Dalai Lama XI.
  Khädrup Gyatso (1838–1855)
Dalai Lama XII.
  Trinle Gyatso (1856–1875)
Dalai Lama XIII.
  Thubten Gyatso (1876–1933)
Dalai Lama XIV.
  Tendzin Gyatso (geb. 1935)

Chökyi Gyaltsen verlieh er den neuen Titel Panchen, «Großer Gelehrter»[51]. In einem gelungenen Schachzug präsentierte er der Öffentlichkeit zudem lang verborgene religiöse Texte, auf Tibetisch «Terma», «Schatz», die jetzt, da die Zeit reif war, (wieder)gefunden worden seien und belegen sollten, dass der Panchen Lama eine Manifestation des «Buddha Amitabha»[52], er selbst hingegen des Bodhisattvas Chenrezig sei. Der Anspruch auf Hauptrollen in der weiteren Geschichte Tibets war den künftigen Panchen und Dalai Lamas damit garantiert. Auf diese im Leben des Großen Fünften erstmals präsente Mischung von übernatürlich-spiritueller und politischer Autorität geht wohl auch die im Westen häufig auftauchende, leicht irreführende Bezeichnung «Gottkönig» zurück – ein Gott aber ist der Dalai Lama nicht.

Auch politisch brillierte der Große Fünfte. Seine Beziehung zu dem Mongolenherrscher Gushri Khan vom Stamm der Khoshoten kann als idealtypisch für ein besonderes tibetisches Herrschaftsmodell gelten, das als «Priester-und-Patron»-Regelung, Tibetisch «Chö-yön», bekannt ist. Die säkulare Macht (der mongolische Khan) verpflichtet sich dabei, die religiöse Macht (den tibetischen Dalai Lama) als Gegenleistung für geistliche Beratung in weltlich-politischen Belangen zu unterstützen. Allerdings nur, wenn der Dalai Lama dies wünschte, weil er etwa Hilfe gegen Angreifer von außen oder Feinde im Inneren benötigte. Doch nach dem Tod Gushri Khans, des schützenden Patrons und offiziellen Königs, schwang sich der fünfte Dalai Lama zum alleinigen Herrn über die Angelegenheiten Tibets auf. Es gelang ihm nicht nur, die Zentralgewalt Lhasas über Tibet auszubauen, er war auch außenpolitisch außerordentlich geschickt, knüpfte freundschaftliche Bande zum Kaiser von China und reiste sogar selbst nach Beijing. *Der erste Mandschu-Kaiser von China, Shun-Tse, lud den Fünften Dalai Lama, in dem er seinen religiösen Lehrer sah, [...] ein, China zu besuchen, und empfing ihn dort huldigend als König von Tibet.*[53]

1645 begann er mit dem Bau des Potala, für die nächsten Jahrhunderte wird dieser Heimstatt der Dalai Lamas und Sitz der Regierung sein. Als der Große Fünfte 1682 starb, war es ihm in den beinahe fünf Jahrzehnten seiner Regierungszeit gelungen, sein Land weitgehend unabhängig von Mongolen wie Mandschu-Kaisern zu regieren. Er hatte ein Strafgesetzbuch geschrieben, ein nationales Erziehungsprojekt initiiert, ein Steuereinnahmesystem und ein Gesundheitsprogramm entwickelt.[54] Der damalige Regent Sangye Gyatso verheimlichte den Tod des Großen Fünften und die Entdeckung des sechsten Dalai Lamas jahrelang, um die Fertigstellung des Potala abzuwarten – der Große Fünfte habe sich in Klausur begeben, ließ man verlauten. Für auswärtige Besucher arbeitete man mit einem Double und *machte einen Mönch ausfindig, der äußerlich dem Dalai Lama glich, und so gelang es [...], den Tod des Herrschers dreizehn Jahre lang geheimzuhalten, bis der Bau vollendet war* [55].

1695 war es dann so weit, und der Regent Sangye Gyatso präsentierte Tibet seinen sechsten Dalai Lama. Ein Junge stolperte ins Rampenlicht, der sich als gänzlich ungeeignet erwies, in die Fußstapfen seines ernsten, starken Vorgängers zu treten. Vielmehr wuchs er zu einem Libertin, einem Poeten mit Freude an Gesang und Tanz, einem Frauenhelden und Herzensbrecher heran. Unbekümmert erklärte er: «Was die Menschen über mich klatschen, zu dem bekenne ich mich und bitte vielmals um Verzeihung. Ich machte drei kleine Schritte – und ging zum Haus meiner Herrin.»[56] Mit zwanzig sollte Tsangyang Gyatso eigentlich seine endgültigen Mönchsgelübde ablegen, entschied sich aber für das genaue Gegenteil: Er gab sogar seine Novizengelübde zurück, ließ seine Haare lang wachsen, kleidete sich als Laie in bunte Seidenkleider statt einfacher Mönchsroben und wurde ein oft und gern gesehener Gast in den Kneipen zu Füßen des Hügels, auf dem der Potala thront. Das tut der Tatsache keinen Abbruch, dass er in Tibet dennoch als echte Inkarnation betrachtet wird und äußerst beliebt war und ist. Seine erotischen Eskapaden – als Gelugpa-Mönch sollte er strengstes Zölibat einhalten – deutete man wohlwollend in rituelle Praktiken um, schließlich war bereits sein Vater ein großer tantrischer Meister der nichtzölibatären Nyingmapa-Tradition des tibetischen Buddhismus gewesen. Tsangyang Gyatso hatte also Glück, dass ein einmal anerkannter Dalai Lama qua seiner Stellung unfehlbar und «über menschliche Kritik erhaben»[57] ist. Wohl weil ihm die angemessene Ausbildung von frühester Kindheit an fehlte – er wurde wegen des politischen Schachzugs der «Lebensverlängerung» zugunsten des fünften Dalai Lama schließlich erst mit zwölf Jahren offiziell anerkannt –, erwies er sich als vollkommen unfähig, sich mit den Pflichten und Zwängen des Amtes anzufreunden und dem protokollarischen Joch zu fügen. Seine Rebellion bestand darin, all dies einfach zu ignorieren. Nicht jeder, am wenigsten der Regent, war davon begeistert. Wie ihn loswerden? Man setzte ihn zunächst einmal gegen den Willen der Bevölkerung am 27. Juni 1706 ab und verschleppte ihn. Im November 1706 fällt dann der Vorhang, seine Spur verliert sich in der Nähe des Kokonor-Sees im Sand. Sein Körper wurde nie gefunden.

Lhazang Khan, ein Nachfolger Gushri Khans, der bis dato nur als Titularkönig fungiert, aber keine direkte Herrschaft ausgeübt hatte, behauptete in der Folge, Tsangyang Gyatso sei nie der wahre sechste Dalai Lama gewesen, und installierte als «Gegen-Dalai-Lama» einen neuen sechsten namens Yeshe Gyatso. Dieser Mönch, bereits in seinen Zwanzigern und gerüchtehalber Lhazang Khans eigener Sohn, wurde jedoch vom Volk nie anerkannt.[58] Als im Osten, in Lithang, der nach Volkes Meinung echte siebte Dalai Lama geboren wurde, bat man aus Angst vor Lhazang Khan den mandschurischen Kangxi-Kaiser Chinas um Schutz für das Kind. Die Geschichte endete einerseits zwar glücklich mit der Deportation des Gegen-Dalai-Lamas und der Vertreibung des feindlichen Mongolenstammes der Dzungaren, mit denen Tibet zu dieser Zeit zu kämpfen hatte, andererseits markierte sie den Beginn chinesischer Einmischung in tibetische Angelegenheiten, wie etwa die Wahl des Dalai Lamas. *Wäre der Sechste Dalai Lama erfolgreich in seinem Plan gewesen, das Mönchsein aufzugeben, als König zu verbleiben und einem seiner Kinder den Titel Dalai Lama zu vermachen, denke ich, dass die zentraltibetische Regierung stabiler gewesen wäre und dass die Mandschu vielleicht nie in unser Land gekommen wären* [59], spekuliert Tendzin Gyatso heute.

Der siebte Dalai Lama Kelsang Gyatso (1708–1757) erwies sich zur Freude derer, die die Würde des Amtes durch das Verhalten des Vorgängers doch sehr beschmutzt sahen, als dessen genaues Gegenteil: Er präsentierte sich als vorbildlicher, äußerst gelehrter Mönch, der die Klausur liebte, öffentliche Unterweisungen durchführte, sich auch dann und wann einfach gekleidet inkognito unter das Volk mischte, um es direkt zu belehren. Zudem verfasste er ein großes Korpus von Literatur, tantrischen Texten, Gebeten und religiösen Hymnen.[60] Ihm folgte als achter Dalai Lama Jampel Gyatso (1758–1804), der zwar nicht viel Schriftliches hinterließ, aber dessen Amtszeit die Fertigstellung der Sommerresidenz Norbulingka der Dalai Lamas unweit des Potala sah.

Es hatte nun zunehmend den Anschein, als ob die höchsten Tulkus Tibets es vorzögen, immer häufiger innerhalb weniger adliger Familien zu reinkarnieren. Die damals anscheinend etwas zweifelhafte Praxis zur Auffindung der Tulkus schadete nach Meinung des Qianlong-Kaisers von China (reg. 1736–1795) dem Ansehen der Geistlichkeit, weshalb er sich als Schutzherr der Gelugpa berufen sah, ordnend einzugreifen. Daher schenkte dieser dem Buddhismus zugewandte chinesische Sohn des Himmels, der damals in der bereits erwähnten «Chö-yön»-Beziehung zu Tibet stand, dem Schneeland 1793 eine goldene Urne, um die Tulkus im Losverfahren zu bestimmen. Dies sollte etwas mehr Seriosität garantieren, ohne jedoch übernatürliche Einflüsse auszuschließen: Kosmische Kräfte, so ließe sich argumentieren, könnten schließlich immer noch die Hand des Losziehers führen. Die Urne kam aber nur sporadisch zum Einsatz.

Die nächsten vier Dalai Lamas, der neunte bis zwölfte, starben sehr jung; nur blasse Statisten waren sie in einer Zeit, als Tibet von starken Regenten geführt wurde. Gerüchte wollen wissen, dass der ein oder andere gar von seinem eigenen Regenten ermordet wurde, weil der seine Macht nicht abgeben wollte, oder von Tibetern, die die Dalai Lamas dieser Zeit für «von den Chinesen eingesetzte Hochstapler» hielten, oder vielleicht auch von Chinesen, weil sie nicht «angemessen kontrollierbar» schienen.[61] Günstige Gelegenheit für derlei Anschläge bot ein traditioneller Besuch der Dalai Lamas am Lhamolatso, dem See, wo auch die Regenten Visionen über den Aufenthaltsort der neuen Dalais haben. Entweder Gift im Essen oder eine angeblich stärkende Pille für erhoffte Visionen waren probate Mittel. Jedenfalls starben sie meist kurz nach diesem Besuch.[62] Erst dem dreizehnten Dalai Lama war wieder ein längeres Leben vergönnt, denn ein Attentat, das sein Regent angeblich mittels eines mit einem Fluch belegten Paars Stiefel verüben wollte, scheiterte. Zum Glück, denn er erwies sich als Segen für Tibet: *Er schickte junge Leute zum Studium ins Ausland, errichtete kleine Wasserkraftwerke [...], führte Post- und Telegraphenverbindungen ein und gab Briefmarken [...] sowie Banknoten heraus [...], während seiner Amtszeit schloß Tibet zum erstenmal eine Anzahl internationaler Verträge*[63], und er erklärte sein Land offiziell für unabhängig.

So ist der *Dalai Lama als temporärer Herrscher* eine von *Menschen geschaffene Institution*, an deren Anfang keine göttliche Offenbarung, sondern die Verleihung eines Titels stand. *Solange die Tibeter den Dalai Lama respektieren, wird die Institution bestehen bleiben und funktionieren*[64], kommentiert daher auch recht nüchtern der aktuelle Amtsinhaber, ganz im Dienst seiner Untertanen. Sollten die Tibeter jedoch anders entscheiden, so gesteht er zu, wird es keinen neuen Dalai Lama mehr geben.

AUF DEM LÖWENTHRON IN LHASA

Um erfolgreich in die Fußstapfen des fünften und dreizehnten Dalai Lamas treten zu können, würde Tendzin Gyatso nicht nur politisches Talent, sondern zunächst einmal eine hervorragende Ausbildung benötigen. Sie setzte ein, als er sechs Jahre alt war. *Wie die meisten Kinder begann ich damit, Lesen und Schreiben zu lernen. Dabei empfand ich [...] einen gewissen Widerwillen [...]. Die Vorstellung, hinter Büchern sitzen zu müssen, von Lehrern beaufsichtigt zu sein, schien mir nicht sonderlich anziehend.*[65] Aber unter Khenrab Tendzin, der auch zur Suchdelegation gehört hatte, und seinen beiden anderen Betreuern Trijang Rinpoche und Ling Rinpoche machte das «Juwel der Weisheit» schnelle Fortschritte. Nach fünf Jahren beherrschte er die vier verschiedenen tibetischen Schriftsysteme und hatte die ersten Texte auswendig gelernt. Im zwölften Lebensjahr begann er sich im Disputieren zu üben, studierte die Literatur zur «Vollkommenheit der Weisheit» (Sanskrit: Prajñaparamita) und beschäftigte sich mit den Grundlagen buddhistischer Logik. Das Pensum war umfangreich, der Inhalt schwer zu begreifen. *Ich muß gestehen, daß ich fast zusammenbrach, als man mich mit knapp dreizehn Jahren in die Metaphysik und Philosophie einführte – [...] als habe mich ein Stein mitten auf die Stirn getroffen.*[66]

Mit etwas über dreizehn Jahren wurde er dann formell in die Klöster Drepung und Sera aufgenommen. *Ich beteiligte mich hier zum erstenmal an öffentlichen Disputationen über die «Großen Schriften».* Natürlich war er *beklommen, aufgeregt und ein wenig nervös,* doch hat er sich, seiner bescheidenen Ausdrucksweise zufolge, *zufriedenstellend*[67] geschlagen.

Für gewöhnlich müssen seine Tage in dieser Zeit jedoch recht eintönig verlaufen sein. Lobsang Samten, der die ersten Jahre mit Kundün zusammen im Potala lebte, erinnert sich an harte Betten, mit Holzspänen gefüllte Kissen, das Aufstehen im Morgengrauen, die Diener, die dem noch schlaftrunkenen «Kostbaren Sieger» «Buttertee, Tsampa, Seife, eine kleine Waschschüssel und eine amerikanische Zahnbürste» bringen. Dann betete der junge Dalai Lama für gewöhnlich bis zur 10-Uhr-Versammlung des Tsedrung, einer besonderen Abordnung von 175 Mönchen, die ihm täglich Bericht erstatten. «Um elf Uhr speist der Dalai Lama allein.» Gegen drei Uhr nachmittags begann der Unterricht und dauerte bis zum Sonnenuntergang. Wieder trank er alleine seinen Abendtee, ging dann auf das Dach des Potala und blickte über die Stadt zu seinen Füßen. «Seine einzige Ablenkung ist es, die Gärten und Straßen mit seinem Fernglas zu betrachten. [...] Immer noch allein, verbringt der Dalai Lama den Abend lesend oder betend.»[68]

Die vom Dalai Lama benutzten Gemächer machen nur einen minimalen Teil des massiven Potala aus, der weiß und rostbraun wie einer der tibetischen Berge in den Himmel ragt. Betritt man ihn, findet man sich in einem riesigen Labyrinth von dunklen Gängen, Zellen, Hallen wieder. Fett aus den Butterlampen macht den Fußboden glitschig. Es riecht ranzig. Zehntausende brüchiger rußgeschwärzter Thangkas, buddhistischer Rollbilder mit unterschiedlichsten sakralen Motiven, hängen in den Räumen. Manche Wandmalereien zeigen das Leben einiger früherer Dalai Lamas, einige Räume beherbergen in goldenen Urnen deren sterbliche Überreste. Eine zuweilen sicher unheimliche Umgebung für ein Kind, das *große Angst vor der Dunkelheit* hat. Und dunkel war es, selbst in seinem Schlafzimmer: *Es war so alt – mindestens drei oder vier Jahrhunderte alt. Wegen der Butterlampen waren die Wände schwarz von Ruß.* Tendzin Gyatso teilte den Raum mit Ratten. *Man konnte sie im Schlafzimmer riechen. Hinter den Vorhängen an der Wand, da waren Ratten und Dreck und Staub.* Erschöpfung und Langweile gingen Hand in Hand; Weinen gehörte zum Alltag.

Schöner wurde das Leben mit dem offiziellen Sommerbeginn. Etwa im April zog der Dalai Lama in feierlicher Prozession durch die von Tausenden Tibetern gesäumten Straßen Lhasas in seinen Sommerpalast, den Norbulingka. *Ich freute mich immer auf die Übersiedlung.*[69] Sehen konnte das Volk sein «Juwel der Weisheit» bei dieser Gelegenheit jedoch nicht. Das Protokoll verlangte, dass der Dalai Lama in seiner gelb verhängten Sänfte verborgen blieb; die Stadt erspähte er nur durch einen Spalt im seidenen Vorhang. Der «Edelsteingarten» Norbulingka entschädigte für den kalten Winter im Potala. Lhasa liegt zwar auf demselben Breitengrad wie Kairo und kann im Sommer auch recht heiß werden, doch sind im Winter Temperaturen von minus zwanzig Grad keine Seltenheit. Der wie alle Mönche kahl rasierte kleine Kundün durfte die Haare im Winter daher ausnahmsweise etwas länger tragen. In den prächtigen Parkanlagen des Norbulingka und in der lichten Sommerresidenz war die Kälte eines langen Winters jedoch schnell vergessen, er freute sich an Pappeln, Weiden und Wacholdersträuchern, prächtigen Blumen und einem kleinen See. An dessen Ufer spielt der Junge gerne, wäre dabei nach eigenen

LHASA

Wir waren jetzt in dem Tale, in dem Lhasa steht [...]. Kein Teil von Tibet, den ich gesehen habe, ist so hübsch wie der, durch den wir am nächsten Morgen ritten. Das Tal war breit, ein munterer Strom durchfloss es, und Dörfer lagen in ihm verstreut, und unter dem Schutz von Bergen auf der anderen Seite stand eine große weiße Stadt, angenehm gelegen und einen hübschen Anblick darbietend. Die Gegend war weder bar an Bäumen noch an Ackerland, und ein Schein von Fröhlichkeit lag auf dem Ganzen und wie mir schien auch auf den Gesichtern des Volkes.

THOMAS MANNING, UM 1812

Angaben aber auch zweimal beinahe ertrunken.[70] Hinter einer hohen gelben Mauer verborgen lag der Privatgarten des Dalai Lamas, ein anderer Teil des Gartens war hingegen öffentlich zugänglich. In diesem Park wurde jeden Sommer sieben Tage lang Theater gespielt, meist Stücke religiösen Inhalts. Beim Volk besonders beliebt waren allerdings parodistische Einlagen, bei denen etwa die hochheiligen Trancezustände der Orakel verulkt wurden. Vom obersten Stock seines Gartenhauses, hinter der Mauer, doch gerade hoch genug, sah auch der Dalai Lama zu, verborgen *hinter Gazevorhängen, um nicht gesehen zu werden*[71].

Es scheint, als sei auch der vierzehnte Dalai Lama ein für sein Volk erstaunlich unsichtbares Oberhaupt gewesen. Dies war bestimmt nicht seine Schuld – er hätte sich sehnlich mehr Kontakt gewünscht und hat die neue Situation des Exils später auch benutzt, um protokollarische Schranken, so weit er es vermochte, abzubauen. Es ist aber auch nicht nur die Schuld des Protokolls, das von ihm so viele – zumindest für den Westen – unverständliche Verhaltensweisen forderte, wie etwa den greisenhaften, auf Begleiter gestützten Gang, den er schon von klein an übte und der den Gang von Heiligen imitieren soll. Gerade auch die ungeheure religiöse Verehrung, die das Volk für sein Oberhaupt empfand und empfindet, trennt beide. Kaum ein Tibeter würde es wagen, dem Dalai Lama ins Gesicht zu blicken: «Wenn die Leute ihn irgendwo zu sehen bekamen, ging ihnen förmlich die Puste aus vor Ehrfurcht»[72], erinnert sich der Österreicher Peter Aufschnaiter, der in den 1940er Jahren zusammen mit Heinrich Harrer sieben Jahre in Tibet lebte.

Auch der Kontakt zu seiner Familie war stark eingeschränkt. Er besuchte sie *mindestens alle vier bis sechs Wochen* (was doch sehr wenig scheint für einen kleinen Jungen), und wenn er meint, so *doch nicht ganz von unserem Familienleben ausgeschlossen* zu sein, ist das wohl auch ein Stück Wunschdenken. Sein Alltag war jedoch allein bestimmt von erwachsenen Männern. *Es ist unvermeidlich, daß einer Kindheit, die man ohne die beständige Anwesenheit der Mutter und anderer Kinder verlebt, etwas fehlt.*[73]

Natürlich kann da kein allzu kritisches Wort über seine Eltern fallen. Für ihn zeichnete sich sein Vater daher *durch ausgesprochene Gutherzigkeit aus. Zwar konnte er auch ein wenig aufbrausend sein, aber sein Zorn verrauchte rasch. Weder besonders groß und stark noch außergewöhnlich gebildet, war er von Natur aus anstellig und intelligent.* Und auch seine Mutter war für ihn *ein sehr gütiger und liebevoller Mensch.*[74]

Der Bruder Gyalo Döndhup formuliert etwas schärfer, dass der Vater ein «schwieriger Mann und sehr jähzornig» war: «Wenn er einen Wutanfall hatte, trat er manchmal nach mir. [...] Sogar meine Mutter wurde oft böse über mich und kniff mich dann ganz ordentlich. Wenn sich meine Mutter ärgerte, konnte sie ganz schön zornig werden, zorniger noch als mein Vater.»[75] Kundüns leiser Unmut hingegen ist in der von ihm gewählten gütigen Verpackung kaum noch zu erahnen: Sein Vater liebte Pferde, und *da er es sich jetzt leisten konnte, päppelte er sie mit Eiern und Tee auf [...]. Wenn er mich im Sommerpalast besuchte, wo die Ställe des Dalai Lama untergebracht waren, hatte ich ihn oft im Verdacht, daß er erst nach den Pferden sah, bevor er zu mir kam.*[76]

Wie die Familien früherer Dalai Lamas war auch diese in den erblichen Adelsstand zu «Yapshis» erhoben worden und damit königsähnlich. Man führte von nun an den Familiennamen Taklha. Man wurde verehrt. Für ihren Unterhalt erhielt die Familie ausgedehnte Ländereien inklusive der sie bewirtschaftenden Leibeigenen. Ein rasanter gesellschaftlicher Aufstieg. Die ehemalige, bescheidene, nun neureiche Bauernfamilie erwies sich als extrem eifrig darin, Besitz und Macht zu mehren.[77] Besonders dem hitzigen Vater, von nun an «Yapshi Kung» oder «Gyayab», «Königlicher Vater», genannt, schienen seine neuen Ehren zu Kopf zu steigen, und er tat alles, um seine besondere Stellung auszunutzen.[78] Schon bald nach Ankunft der Familie 1940 in Lhasa fiel er durch sein anmaßendes Verhalten und seine dreisten Forderungen auf. Er weigerte sich beispielsweise, Steuern zu bezahlen, zwang andere, besonders wenn es um Pferde ging, mit ihm für sie unvorteilhafte Geschäfte zu machen, war bestechlich und bedrohte sogar einen Abt. Sein Verhalten war derart unerträglich, dass der 1941 neu eingesetzte Regent Taktra Ende 1942 deswegen sogar die Nationalversammlung einberief. Diese wies ihrerseits die Regierung eindringlich an, den Großen Königlichen Vater an die Kandare zu nehmen.

Unter dem vorigen Regenten Reting Rinpoche hätte der Yapshi Kung sich wohl nicht zügeln müssen, schließlich hatte die Familie «zum engsten Kreis um Reting gehört»[79], erklärt die Große Königliche Mutter. Die Männer waren nicht nur Freunde, teilten nicht nur die Leidenschaft für Pferde, sondern waren auch Brüder im Geiste, was ihre wirtschaftlichen Interessen betraf. In Retings Kloster wurde der größte Teil des gesamten tibetischen Handels abgewickelt, sodass man sich hinter seinem Rücken das tibetische Sprichwort zuflüsterte: «Nach Essen eines Berges ist der Hunger nicht befriedigt, nach Trinken eines Ozeans der Durst nicht gelöscht.» Auf der Höhe seiner Macht als Regent trat Reting jedoch 1941 – für alle recht unerwartet – aus religiösen Gründen freiwillig zurück. Denn zahlreiche Affären hatten nur zu deutlich gezeigt, dass er unfähig war, das Zölibat einzuhalten. Das hätte in der Folge bedeutet, dass auch die Gelübde des jungen Dalai Lamas zum Novizen, die dieser im Jahr darauf ablegen sollte, bedeutungslos gewesen wären, hätte er sie vor seinem fehlbaren Ersten Tutor Reting abgelegt. Reting plante daher, dem moralisch einwandfreien Zweiten Tutor Taktra die Regentschaft zeitweilig zu übergeben, um danach wieder in Amt und Würden zurückzukehren. Taktra war bereits älter, eigene dauerhafte Machtinteressen würde er wohl nicht entwickeln, schien Reting spekuliert zu haben. Sein

Kalkül ging nicht auf. Ein erster Versuch, die Regentschaft um 1944 friedlich wiederzuerlangen, scheiterte. Taktra war nicht gewillt, sich nur als Interimslösung zu betrachten. Auch Retings Versuch, die chinesische Guomindang (Nationale Volkspartei) für sich einzuspannen, trug nicht die erwünschten Früchte. Letzte Möglichkeit schien ein «Tyrannenmord» am Regenten Taktra zu sein, und den versuchten Anhänger Retings mittels einer zur Briefbombe umgebauten Handgranate. Doch das Attentat auf Retings Nachfolger Taktra scheiterte, und die Verschwörung endete mit der Verhaftung des Exregenten am 17. April 1947. Die Familie des Dalai Lamas war von den Ereignissen um Reting sehr beunruhigt, denn gerade erst, zu Neujahr 1947, war das Familienoberhaupt, der Große Königliche Vater, an einer Kolik gestorben, von der seine Frau und zumindest auch der Sohn Gyalo Dhöndup glaubten, sie sei durch Gift hervorgerufen worden. Die Königliche Mutter befürchtete nun, dass «der Kashag alle meine Söhne [...] ins Gefängnis werfen» würde und sie selbst mit ihrer Tochter Tsering Dölma zurück nach Amdo geschickt werden sollte. «Damit wäre unsere ganze Familie auseinander gerissen und jede Opposition gegen die Machthaber ausgeschaltet gewesen. Was Taktra und den ihm völlig hörigen Kashag trotz allem behutsam vorgehen ließ, war wohl die Tatsache, dass Ma Pu-fang, der chinesische Gouverneur von Amdo, uns freundlich gesinnt war und seinen nicht unbedeutenden Einfluss geltend gemacht hätte, um uns zu helfen.»[80]

Reting bemühte sich zwar noch aus der Haft um eine Audienz beim Dalai Lama, sie wurde ihm aber verwehrt. Nach den ersten Verhören starb er plötzlich am 8. Mai 1947 in seiner Kellerzelle unter dem Potala – höchstwahrscheinlich keines natürlichen Todes. Die Lage spitzte sich zu, denn bereits Retings Verhaftung hatte den Beginn eines kleinen Bürgerkriegs in Lhasa markiert, in dem auf der einen Seite die Regierung unter Taktra, auf der anderen die Anhänger Retings, insbesondere Mönche aus dem Che-Kolleg des Klosters Sera, standen. Deren Gewaltpotenzial war nicht zu unterschätzen, denn keineswegs alle Mönche Tibets widmeten sich sanft und vergeistigt allein höheren spirituellen Studien. Unter denen, die es nicht taten, gab es eine Gruppe, die sogar äußerst diesseitig war: die kämpfenden Mönche («Dobdobs»), zu der immerhin etwa zehn bis fünfzehn Prozent aller Mönche gehörten. Regelmäßig veranstalteten Dobdobs der drei nahe Lhasa gelegenen Gelugpa-Großklöster Sera, Ganden und Drepung athletische Wettkämpfe untereinander und fungierten ansonsten als Wachpersonal ihrer Klöster. Bei geschätzten 20 000 Mönchen in und um Lhasa, also vielleicht etwa 2000 bis 3000 Dobdobs, aber einer nur etwa 1000 bis 1500 Mann starken Staatsarmee im selben Gebiet, konnte die Regierung von Glück sagen, dass die Klöster weder gemeinsam noch in sich einheitlich handelten.[81] Klöster waren in Kollegs unterteilt, und diesen, nicht dem Kloster als Ganzem, galt die Loyalität eines Mönchs in erster Linie. Als nach Retings Verhaftung das Che-Kolleg des Klosters Sera, dem er angehörte, rebellierte, verhielt sich ein anderes großes Kolleg Seras ruhig. Die Regierung Taktras bekam die von Schießereien begleiteten Unruhen daher schon bald wieder in den Griff.

Nach Retings Tod flohen viele seiner Anhänger aus Angst vor Repressionen der Regierung nach China. Wohl zu Recht, denn die Güter der Aufständischen wurden konfisziert, das Kloster Sera von tibetischen Soldaten geplündert. Selbst Retings Obstbäume wurden Opfer der Revanche und in andere Gärten verpflanzt.

Taktra hatte eine starke Hand gezeigt, und dennoch war Tibet innenpolitisch geschwächt aus dieser Krise hervorgegangen. Nicht lange darauf begannen auch noch Gerüchte zu kursieren, dass bei der Wahl des Dalai Lamas ein Fehler unterlaufen sei. Er sei eigentlich der «Ditru Rinpoche», während dieser der wirkliche Dalai Lama sei. Eine Überprüfung mittels einer Urne, in die beide

Namen gelegt wurden, sollte Klarheit bringen. «Dreimal wurde das Gefäß geschüttelt, dreimal fiel der Name meines Sohnes heraus! Damit war dem Regenten Taktra und dem Kashag erst mal der Mund gestopft»[82], erinnert sich die Große Königliche Mutter befriedigt.

Und der junge Dalai Lama? Wahrscheinlich wird man ihn von diesen Intrigen und politischen Wirren weitgehend fern gehalten haben. Auch seine Verbindungen nach draußen wurden immer spärlicher. Bereits im Sommer 1946, ein halbes Jahr bevor der Vater starb, musste Kundüns Bruder Lobsang Samten den Potala verlassen. Die beiden Jungen hatten sich oft und heftig gezankt, wobei der Streit meist von Kundün angezettelt wurde, vielleicht aus Unmut, vielleicht aus Langeweile. Diesmal jagte der Elfjährige seinen zwar älteren, aber stets zarteren Bruder mit einem elfenbeinbesetzten Offiziersstock vor sich her. *Irgendwie muß ich den Stock über meinem Kopf geschwungen haben und dabei Lobsang Samten getroffen haben. Ich glaubte ein paar schreckliche Augenblicke lang, ich hätte ihn umgebracht.*[83] Das hatte er zwar nicht, aber dennoch bot sich Kundüns Erziehern dadurch ein nicht unwillkommener Anlass, die beiden zu trennen, indem man Lobsang Samten fortan auf eine Schule in Lhasa schickte. Nicht wegen der Streitereien, nicht weil Lobsang langsamer lernte und Kundün behindern könnte, sondern wohl eher, um zu vermeiden, dass Lobsang durch seinen freieren Zugang zur Außenwelt seinen Bruder ungünstig beeinflussen könnte. Kundün verlor dadurch den letzten Anschluss an Gleichaltrige. Und im Jahr darauf untersagte Taktra dem Zwölfjährigen auch noch Besuche in seinem Elternhaus.

Das «Juwel der Weisheit» vertiefte seine buddhistischen Studien erfolgreich und mit großem Interesse, bedauert heute jedoch, dass man in seiner Erziehung die (natur-)wissenschaftlichen Erkenntnisse der Neuzeit völlig außer Acht gelassen hatte. *Dies muß unter modernen Gesichtspunkten zwar als Mangel gelten*, gibt er zu, um sogleich zu rechtfertigen: *Doch wie hätte es auch anders sein können? Tibet war ja bis in die Gegenwart von der Außenwelt völlig abgeschlossen.*[84] Im Klartext heißt das, dass er einerseits eine hervorragende, ihn zum spirituellen Oberhaupt Tibets vortrefflich qualifizierende buddhistische Ausbildung erhielt, er aber andererseits weder in Mathematik noch in Biologie, Physik oder Geographie unterrichtet wurde, auch nicht in Fremdsprachen oder Politik. Aus einigen alten englischen Zeitschriften und Büchern des dreizehnten Dalai Lamas ließ er sich zumindest kleine Teile, kaum mehr als Bildunterschriften, von einem der Adeligen Lhasas, der des Englischen mächtig war – davon gab es zu dieser Zeit gerade mal zehn –, ins Tibetische übertragen. Text und Übersetzung wurden aus Gründen des Protokolls sehr umständlich per Brief ausgetauscht. Eine weitere Informationsquelle war der schon vom dreizehnten Dalai Lama abonnierte «Tibet Mirror», der in unregelmäßigen Abständen von einem christlichen Tibeter in Westbengalen herausgegeben und verfasst wurde und als einziges tibetischsprachiges Medium überhaupt internationale Themen behandelte. Es war also nicht leicht für den wissbegierigen Jungen, an gründliche Kenntnisse über das Ausland zu gelangen. Diese Isolation, gepaart mit seiner ungemein ausgeprägten menschenfreundlichen Güte, ließen ihn manche Dinge sehr eigen einschätzen. So war er während des Zweiten Weltkriegs auf der Seite des Deutschen Reichs, allein aus dem Grund, weil es nur mit zwei anderen Nationen verbündet war und den Rest der Welt gegen sich hatte. *Daher fühlte ich mich gut, wenn ein Nachrichtenstück andeutete, daß die Deutschen eine Stadt besetzt oder eine Schlacht gewonnen hatten. Das ist meine Natur. Ich bin immer für den Verlierer.*[85] Später, als er mehr wusste, betrachtete er den Zweiten Weltkrieg und den Nationalsozialismus wesentlich differenzierter, aber in Teilen doch immer noch völlig anders, als der Westen es erwarten würde – auf ganz eigene, buddhistische Weise eben: *Als ich in*

Israel darüber sprach, daß alle Menschen ohne Ausnahme in der Tiefe ihres Herzens gut sind, rief man mir zu: Und Hitler? Und Himmler? Und Eichmann? All jene, die soviel Leid über die Menschen brachten? Ich sagte: Ja, auch sie. Am nächsten Tag stand in jüdischen Zeitungen, der Dalai Lama sei ja sicher ein Mann des Friedens, aber ein wenig weltfremd und naiv. *Nun: Ich bin gegen jede Art von Gewalt, also gegen den Nazismus, aber ich lehne die Sache ab, die Taten, aber nicht die Täter. Ich habe kein Recht, jemanden zu hassen und zu töten.*[86]

Das nationalsozialistische Deutschland war seinerzeit Tibet übrigens durchaus auch zugetan: Heinrich Himmler, der die SS-Forschungsstätte «Ahnenerbe» gegründet hatte, schien die Idee interessant zu finden, Tibet könne Zufluchtsort einer «arischen Wurzelrasse» gewesen sein. Dem Wissenschaftler Ernst Schäfer wurden daher zwei SS-finanzierte Expeditionen (1934/35 und 1938/39) nach Tibet gestattet. Solche ausländischen Expeditionen nach Tibet waren in der Geschichte des Landes jedoch sehr selten. Nicht allein wegen der geographischen Unzugänglichkeit des Landes, sondern besonders auch wegen Tibets bewusster Isolationspolitik, nach der die Tibeter *so wenig als möglich Ausländer [...] einreisen ließen,* denn sie hatten *durch Kriege und Reibereien bittere Erfahrungen gemacht. [...] Uns selbst vollständig von der Welt fernzuhalten war nach unserer Meinung der beste Weg, den Frieden zu sichern.*[87]

Diese Politik wurde mit großer Konsequenz durchgehalten, und so lebten Ende der 1940er Jahre in Tibet keine Amerikaner und nur gerade einmal sechs Europäer. *Drei dieser Europäer, ein Diplomat und zwei Funktechniker, waren Engländer, die anderen drei, zwei Österreicher und ein Weißrusse, waren aus britischen Internierungslagern in Indien während des Krieges entflohen.*[88]

Die beiden Österreicher waren Heinrich Harrer und Peter Aufschnaiter. Aufschnaiter war Leiter der deutschen Nanga-Parbat-

Expedition von 1939 gewesen, die mit allen Teilnehmern – Dr. Lutz Chicken, Heinrich Harrer und Hans Lobenhoffer – in britische Internierung geraten war. Dass es Aufschnaiter und Harrer gelungen war, im April 1944 aus dem Lager im indischen Dehra Dun zu fliehen und sich bis Lhasa durchzuschlagen, das sie 21 Monate später am 15. Januar 1946 völlig entkräftet erreichten, verdankten sie größtenteils Aufschnaiters Tibetisch-Kenntnissen. Aufschnaiter leistete der tibetischen Regierung wertvolle Dienste in der Landwirtschaft, bemühte sich um die Verbesserung des Saatguts und leitete den Bau des ersten Bewässerungskanals in Tibet. Wegen seiner nützlichen Tätigkeiten wurde er sogar zum Staatsbeamten ernannt. Harrer machte sich anders verdient. Er hatte sich mit der Familie des Dalai Lamas, insbesondere mit Lobsang Samten, angefreundet. Über diesen ließ Kundün Harrer ausrichten, er solle Filmaufnahmen von der Stadt, von Vergnügungen und Festen machen; der weitgehend isolierte Junge schien zu versuchen, sich auf diese Weise die Welt in seinen Palast zu holen. Von früh an war er sehr technikbegeistert gewesen, hatte selbständig einen Filmprojektor repariert und auch schon selbst einen ersten kleinen Film gedreht, der neben einem Schwenk vom Potala unter anderem eine Nahaufnahme seines heiß geliebten

Kochs Ponpo zeigte. Nun beauftragte er Harrer im Winter 1949/50, ihm neben seinem Sommerpalast ein Kino zu bauen. Gleich nach seiner Rückkehr in den Norbulingka im Frühling 1950 arrangierte er mit Lobsangs Hilfe ein privates Treffen mit Harrer – höchst protokollwidrig und nicht gerade zur Freude seiner Betreuer hatte er seinen Wunsch durchgesetzt – und überschüttete den Österreicher mit all seinen über die Jahre aufgestauten Fragen über die Welt. Etwa ein halbes Jahr lang trafen sich die beiden regelmäßig und völlig zwanglos; und Harrer tat, was er vermochte, um die Neugier des wissensdurstigen Jungen zu stillen. Etwas Mathematik, geographische Grundkenntnisse (die Erde ist eine Kugel), ein wenig Weltpolitik, ein bisschen Englisch: Es war ein Anfang, den Anschluss an die Moderne zu finden. *Aber ich bin mir darüber im klaren, daß ich fast ohne jegliche Kenntnis weltlicher Dinge aufwuchs. Und in dieser geistigen Verfassung fiel mir im Alter von sechzehn Jahren die schwere Aufgabe zu, die Regierungsgewalt über mein Land in eigene Hände zu nehmen – über mein Land, in das die Soldaten Rotchinas eingedrungen waren.*[89]

REGENTSCHAFT UNTER KEINEM GUTEN STERN

Was war geschehen? Der Osten war nach dem «Langen Marsch» und erbitterten Kämpfen rot geworden, Mao Zedongs kommunistische Volksbefreiungsarmee hatte die Truppen der Nationalen Volkspartei unter deren Führer Chiang Kai-shek besiegt und am 1. Oktober 1949 in Beijing die Volksrepublik China ausgerufen. Für den Dalai Lama und seine Regierung kündigten sich große Schwierigkeiten an: Die Zeit, da man nach dem Fall der Qing-Dynastie (1911) relativ unbehelligt vom großen Nachbarn jahrzehntelang tibetische Unabhängigkeit praktizieren konnte, weil China in interne Kämpfe verwickelt war, war nun vorbei. Militärischer

Beistand war im Ernstfall von keiner Großmacht zu erwarten. Selbst Großbritannien hatte kein ausgeprägtes Interesse mehr an einem selbständigen Tibet als Pufferstaat zu China, schließlich waren, nachdem Indien 1947 unabhängig geworden war, keine «nationalen Interessen» – nämlich die Nordgrenze (Britisch-)Indiens – zu verteidigen. Man beschränkte sich nun darauf, Indien in seiner Außenpolitik zu unterstützen. Und Indien war zum Unglück der Tibeter sehr an freundschaftlichen Beziehungen zur jungen chinesischen Volksrepublik interessiert.

Tibet hätte längst gewarnt sein müssen: Der Wille, Tibet zu «befreien», war bereits in Manifesten der Kommunistischen Partei Chinas (KPCh) aus den 1920er Jahren formuliert worden. Schon der Große Dreizehnte hatte 1932 in seinem politischen Testament dringend gewarnt: «Insbesondere müssen wir uns vor den barbarischen roten Kommunisten beschützen, die Schrecken und Zerstörung mit sich bringen, wo auch immer sie hingehen. Sie sind die Schlimmsten der Schlimmen. [...] Es wird nicht lange dauern, bis wir den roten Ansturm an unserer Haustür finden. [...] Und wenn das geschieht, müssen wir bereit sein, uns zu verteidigen. Sonst wird unsere spirituelle und kulturelle Tradition vollständig ausgelöscht werden. [...] Die Klöster werden geplündert und zerstört werden und die Mönche und Nonnen getötet oder verjagt.»[90]

Seine Prophezeiung begann sich in der zweiten Hälfte des Jahres 1949 zu erfüllen. Die chinesische Volksbefreiungsarmee marschierte im tibetisch besiedelten Grenzbereich, in den Provinzen Amdo und Kham ein. Da diese Region damals bereits unter chinesischer Verwaltung stand, betrachtete Lhasa den Vorstoß noch nicht als Angriff auf tibetisches Hoheitsgebiet. Die tibetische Regierung sandte daher zu diesem Zeitpunkt weder Soldaten nach Amdo noch Protestnoten nach Beijing. Natürlich war man alarmiert, denn die Kommunisten warnten über Radio: «Die Volksbefreiungsarmee (PLA) muss das gesamte chinesische Territorium [...] befreien. Tibet ist chinesisches Territorium [...]; das tibetische Volk ist ein untrennbarer Bestandteil des chinesischen Volkes. Jeder Aggressor, der es versäumt, diesen Punkt anzuerkennen, wird seinen Schädel an der eisernen Faust der PLA brechen.»[91]

Lhasa schickte eiligst Telegramme an befreundete Nationen, Delegationen sollten folgen und um Hilfe ersuchen: *Die Antworten waren niederschmetternd. Die britische Regierung versicherte uns ihres wärmsten Mitgefühls [...] und bedauerte, daß sie, da Indien die Unabhängigkeit zuerkannt sei, unserem Land seiner geographischen Lage wegen nicht beistehen könne.*[92] Hilfe von außen war also nicht zu erwarten, und die Verteidigung des Landes würde sehr schwer werden. Ein Sieg war kaum denkbar, aber vielleicht konnte man mit Guerilla-Taktiken den Feind in den schwer zugänglichen Bergen in einen jahrelangen, aufreibenden Krieg verwickeln. Ausgerechnet in diese kritische Phase fiel jedoch die Ablösung des erfahrenen Gouverneurs Lhalu in Osttibet durch einen anderen Regierungsbevollmächtigten: Ngabö Ngawang Jigme. Er sollte Tibets Geschicke in den nächsten Jahrzehnten nachhaltig beeinflussen.

«Im Osten lärmen, im Westen angreifen»: Überraschung ist ein wesentliches Element erfolgreicher Kriegskunst, weiß eine chinesische Sammlung von Kriegslisten. Und der tatsächliche Angriff traf Tibet dann trotz aller unheilvollen Vorzeichen vergleichsweise unvorbereitet. Noch am 25. August 1950 hatte das chinesische Außenministerium bekräftigt, China müsse seine Oberherrschaft über Tibet behalten (die es damals überhaupt nicht besaß), wolle aber einen bewaffneten Konflikt vermeiden. Der in diesem Sinn instruierte chinesische Botschafter Yuan Zhongxian in Indien versuchte also, in Neu-Delhi mit tibetischen Repräsentanten des Dalai Lamas über die zukünftigen Beziehungen beider Länder zu verhandeln. Eine Finte. Am 7. Oktober 1950 attackierten chinesische Soldaten in Kham die Ostgrenze Tibets und überschritten den Fluss Dre Chu (oberer Jangtse). Heinrich Harrer erinnert sich noch deutlich: «Bis fast auf den Tag genau habe ich die Invasion vorausgesagt. Alle meinten, daß die Chinesen niemals im Winter einmarschieren würden, aber ich wußte, daß sie genau das Gegenteil dessen tun würden, was die ganze Welt erwartete. Und sie kamen im Winter, weil da die Flüsse ohne Wasser sind und die Sümpfe zugefroren.»[93] Im Lauf des Oktobers überquerten 40 000 Soldaten der Volksbefreiungsarmee unter dem Oberkommando von General Zhang Guohua die Grenzen Tibets an acht verschiedenen Stellen. Auf starke Gegenwehr konnten sie kaum stoßen, da die gesamte tibetische Armee nur etwa 8000 Soldaten umfasste. *Ihre Hauptaufgabe bestand darin, die Grenzposten zu besetzen und unerwünschte Ausländer an der Einreise zu hindern.*[94] Dass diese *Ausländer* in Truppenstärke anreisen könnten, hatte man nicht für möglich gehalten. Zudem war das tibetische Militär schlecht ausgebildet; den Rang eines Generals etwa erwarb man sich nicht etwa durch Leistung, sondern im Rahmen eines Rotationsverfahrens für Regierungsbeamte. Das Fazit des Dalai Lamas über seine Armee lautet daher knapp: *Zur Kriegsführung war sie absolut ungeeignet.*[95] Schon am 19. Oktober hatte die Volksbefreiungsarmee die Stadt Chamdo eingenommen, den frühzeitig kapitulierenden Ngabö Ngawang Jigme auf der Flucht festgenommen und zur «Umerziehung» abgeführt. Die tibetischen Truppen in der Provinz Kham wurden aufgerieben, die Lage war ernst. Was tun? *Während sich diese Katastrophe in den fernen Weiten Osttibets ereignete, befragte die Regierung in Lhasa die Orakel und die hohen Lamas. Auf deren Rat trat das Kabinett mit der feierlichen Aufforderung an mich heran, ich möge die Regierungsgewalt übernehmen. Mich überkam Angst. Ich war doch erst sechzehn Jahre alt. Meine religiöse Ausbildung war noch bei weitem nicht abgeschlossen, ich wußte nichts von der Welt und hatte keinerlei Erfah-*

rung in politischen Dingen.[96] Wie es bei allen wichtigen Entscheidungen auch heute noch geschieht, ließ der zukünftige Machthaber Tendzin Gyatso zunächst Orakel befragen: Beide Mönche äußerten im Trancezustand, er müsse unverzüglich die Macht übernehmen. Dem 75-jährigen Taktra blieb nach diesem Rat aus dem Reich des Übersinnlichen keine andere Möglichkeit, als dem jungen Dalai Lama die Regierungsverantwortung zu übergeben. Und dieser hat keine andere Wahl, als zwei Jahre früher als üblich die Regentschaft anzunehmen, denn Tibet war in eine Lage geraten, in der *fast jeder davor zurückschrecken mußte, die Verantwortung zu übernehmen [...], und ich als Dalai Lama war der einzige Mensch, dem das ganze Land einhellig Gefolgschaft leisten würde*[97]. Am 17. Oktober 1950 übernahm der Fünfzehnjährige[98] die politische Führung Tibets. Da im Osten die strategisch wichtige Stadt Chamdo gefallen war, stand der Volksbefreiungsarmee der Weg nach Lhasa nun offen. Aus Sicherheitsgründen war der neue Regierungschef daher nur wenige Wochen nach seiner Machtübernahme gezwungen, das erste Mal ins Exil zu gehen. Es war ihm *höchst unwillkommen [...], ich wollte bleiben, wo ich war, und tun, was in meiner Macht stand, meinem Volk zu helfen. Aber das Kabinett drängte [...] auf meine Abreise, und schließlich mußte ich nachgeben. Es war ein Konflikt, in den ich noch oft gestürzt werden sollte.*[99]

Der frisch gekürte Herrscher und seine Regierung verließen Lhasa in der Nacht des 18. Dezember 1950 und zogen sich für die nächsten sieben Monate nach Yatung im südtibetischen Chumbi-Tal zurück; von dort hätte man im Notfall leicht über die Grenze nach Indien fliehen können.

Hoffen und Bangen: Die Ereignisse überstürzen sich in diesen Monaten. Anfang November hatte die tibetische Regierung ein Telegramm an die UNO geschickt und erstaunlicherweise hatte sich die Delegation El Salvadors unter Hector David Castro bereit gefunden, eine Untersuchung des Konflikts zwischen Tibet und China in der UN-Vollversammlung zu beantragen. Schon Ende November hatte das die Vollversammlung vorbereitende Komitee den Antrag abgelehnt. Die antikommunistische Stimmung in der westlichen Welt hatte zwar einen Höhepunkt erreicht, erst im Frühsommer hatte schließlich der Korea-Krieg begonnen, aber trotz einer gewissen prinzipiellen, eher emotionalen Parteinahme für Tibet schlossen sich Großbritannien und die USA Indiens Standpunkt an. Dessen Premier Jawaharlal Nehru, froh über eine knospende Freundschaft zu China, glaubte einer Note Beijings vom 16. November, die verstehen ließ, eine friedliche Lösung sei möglich. Anstatt zusammen mit der Weltgemeinschaft Druck auf China auszuüben, beschloss die indische Regierung, die Tibet-Frage in der Schwebe zu halten. Indien sah den Fehlschlag dieser «Appeasement»-Politik erst Jahre später ein, dabei hatte Innenminister Sardar Vallabbhai Patel bereits Ende 1950 Nehru in einem Brief auf die «Perfidie» chinesischer Außenpolitik hingewiesen: «Die chinesische Regierung hat versucht, uns durch Bekenntnisse friedvoller Absichten zu täuschen [...]. Die Tragödie des Ganzen ist es, daß die Tibeter ihr Zutrauen in uns gesetzt hatten, [...] und wir waren unfähig, sie aus den Schlingen chinesischer Diplomatie, besser chinesischer Feindseligkeit, zu befreien.»[100]

Auch eine zweite an die Vereinten Nationen gerichtete Bitte Tibets, datiert auf den 8. Dezember 1950, zeitigte nicht die erhofften Ergebnisse.

Doch da ändern die Chinesen ihr Vorgehen. Anstatt direkt nach Lhasa zu marschieren, will man sich nun in Verhandlungen mit der tibetischen Regierung einigen. Vielleicht ein Überbleibsel aus der Ideologie der Kaiserzeit: Weil der Kaiser schließlich über ein «Mandat des Himmels» verfügte, konnte man sich wohl nicht vorstellen, dass die in allem unterlegenen nichtchinesischen «Barbaren» nicht freudig einwilligen würden, sich nach chinesischen

Vorstellungen zivilisieren zu lassen. Zu Maos Form eines kommunistischen Imperialismus gehörte anfangs wohl auch tatsächlich die Absicht, Tibet nicht unbedingt gegen den Willen der Tibeter zu erobern – oder nach seiner Diktion zu «befreien». Er wollte den chinesischen Anspruch auf Tibet, die «Heimkehr ins Mutterland», auch durch den Dalai Lama als höchste Instanz legitimiert wissen, Tibet schrittweise aus dem Feudalsystem befreien und für den Kommunismus gewinnen. Dass nach einer ersten chinesischen Machtdemonstration das Tempo gedrosselt wurde, kann vielleicht als einer der Gründe gesehen werden, warum sich Lhasa kooperativ verhielt und hoffte, weitere Kämpfe vermeiden zu können.

Maos Anweisung an die Rote Armee lautete auch ursprünglich, die freundliche Kooperation der Bevölkerung zu suchen und daher weder zu plündern noch zu konfiszieren, sondern alles angemessen zu bezahlen. So sollte die Versorgung der Soldaten mit Nahrungsmitteln sichergestellt werden. Dies war vor allem deshalb wichtig, weil die Chinesen in den äußersten Zipfeln ihrer Westprovinzen physisch kaum präsent waren: Sogar während des Einmarschs in Kham 1949, in einem Gebiet, das die Chinesen seit etwa 1900 verwaltet haben wollen, mussten die Truppen der Vorhut aus der Luft versorgt werden. Nachschub war ein logistisches Problem, gab es doch keinen Flugplatz in Tibet, ja nicht einmal eine für Lastwagen oder für Panzer befahrbare Straße. Schon im Zweiten Weltkrieg hatten Briten und Chinesen zwar geplant, gemeinsam eine Versorgungsstraße durch Tibet zu bauen, doch die Regierung in Lhasa hatte wegen der durchsichtigen Motive Chinas abgelehnt: Schließlich käme dies einer Erlaubnis für China gleich, sich einen Weg ins Innere Tibets zu bahnen. Andererseits waren auch die USA nach dem Kollaps Burmas an einer Straße nach China interessiert, und beinahe scheint es, als hätte eine «amerikanische Straße» bessere Chancen gehabt. Die Regierung des Präsidenten Franklin D. Roosevelt hatte Ende 1942 eine offizielle Delegation unter Captain Ilia Tolstoy und Lieutenant Brooke Dolan nach Lhasa gesandt, um Möglichkeiten für das Projekt auszuloten. Geschenke und ein Brief an den damals siebenjährigen Dalai Lama kamen sehr gut an, denn Roosevelt erklärte, dass er und die Alliierten einen Krieg führten gegen «zur Eroberung entschlossene Nationen, die beabsichtigen, Freiheit der Gedanken, der Religion und der Tat überall zu zerstören[101]». Dieses Ziel musste den Tibetern gefallen: Freiheit und Religion! Die amerikanische Delegation durfte daher als erste durch Tibet weiter nach China reisen. Doch mit Ende des Zweiten Weltkriegs benötigte Amerika keine Straße mehr auf dem Dach der Welt, der Plan wurde aufgegeben.

Maos Anweisung an die Volksbefreiungsarmee muss daher wohl auch als strategische Freundlichkeit dem tibetischen Volk gegenüber interpretiert werden: «Sogar wenn Autobahnen gebaut werden, können wir nicht damit rechnen, große Mengen an Getreide über sie zu transportieren. Indien wird vielleicht zustimmen, Getreide und andere Waren im Rahmen eines Tauschhandels nach Tibet zu schicken [...], aber [...] unsere Armee sollte weitermachen können, selbst wenn Indien eines Tages aufhören sollte, diese zu schicken. Wir müssen unser Bestes tun und die geeigneten Maßnahmen ergreifen, um den Dalai und die Mehrheit seiner höchsten Ränge für uns zu gewinnen und die Handvoll schlechter Elemente zu isolieren, um eine schrittweise, unblutige Transformation der tibetischen Wirtschaft und des tibetischen politischen Systems über mehrere Jahre hin zu erreichen; auf der anderen Seite müssen wir auf die Möglichkeit vorbereitet sein, dass die schlechten Elemente die tibetischen Truppen zur Rebellion führen und uns angreifen»[102], erläuterte der Erste Vorsitzende der KPCh seine Tibetpolitik während der Ausarbeitung der Besatzungspläne.

Der Dalai Lama und seine Regierung im innertibetischen Exil in

Yatung sahen sich derweil international isoliert. Hilfe war nicht in Sicht. In der vagen Hoffnung, im Rahmen der von China vorgeschlagenen Verhandlungen zumindest einer völligen militärischen Besetzung und Unterstellung unter chinesische Oberhoheit entgehen zu können, sandte man im Februar 1951 eine Delegation nach Beijing. Leiter der Mission war der einundvierzigjährige Minister Ngabö Ngawang Jigme, den der Dalai Lama schätzte und für geeignet hielt, die tibetischen Interessen China gegenüber durchsetzen zu können – obwohl gerade dieser kürzlich Tibets Ostgrenze voreilig aufgegeben hatte, von der Volksbefreiungsarmee indoktriniert und anschließend zum Vizevorsitzenden des chinesischen «Chamdo-Befreiungskomitees» gemacht worden war. Die Delegation war zwar beauftragt zu verhandeln, war aber nicht mit einer Generalvollmacht ausgestattet. Das Ergebnis stand in groben Zügen von vornherein fest, denn was hatten die militärisch unterlegenen Tibeter dem chinesischen Druck schon entgegenzusetzen? Es gelang den Tibetern zwar, ihr Gesicht zu wahren und ihren Verhandlungspartnern wenigstens den Anschein einiger Zugeständnisse abzuringen. Schließlich taten sie dann doch, was sie für das Beste für Tibet hielten, und unterzeichneten, ohne vom Dalai Lama und der tibetischen Regierung dazu befugt zu sein, nach einmonatiger Verhandlungszeit «Die Siebzehn-Punkte-Übereinkunft zur friedlichen Befreiung Tibets», auch das «Siebzehn-Punkte-Abkommen» genannt. Radio Beijing strahlte den Wortlaut prompt am 26. Mai 1951 aus, auch auf Tibetisch. Und auf diesem Weg sollte auch der entsetzte Dalai Lama in seinem Exil im Chumbi-Tal von einem bereits unterzeichneten Abkommen mit China hören. Ngabö hatte ihn bewusst nicht informiert, da er befürchtete, die Bedenken der tibetischen Regierung könnten zu lähmenden Verzögerungen der Verhandlungen führen und die chinesischen Machthaber veranlassen, aus Ungeduld ihre militärische Invasion fortzusetzen. Aber er hatte die Unwirksamkeit seiner Unterschrift einkalkuliert; durch die Unterzeichnung des Vertrags wollte er die chinesische Seite freundlich stimmen – zugleich aber dem Dalai Lama dadurch die Möglichkeit eröffnen, das Abkommen später für null und nichtig zu erklären, sollte es doch noch militärische Hilfe für Tibet geben.

Was aber hatte Ngabö unterzeichnet? Der erste Punkt des in sich widersprüchlichen Dokuments fixierte den Rahmen der künftigen Beziehungen und zeigt eindeutig, dass die folgenden Punkte immer abhängig von dieser Vorgabe gesehen werden mussten: «Das tibetische Volk soll sich einen und die imperialistischen Kräfte aus Tibet vertreiben, das Volk Tibets soll in die große Familie des Mutterlands heimkehren – die Volksrepublik China.»[103] Die diesen Imperativ ein wenig abschwächenden Punkte konnten bei Bedarf mit Hinweis auf Punkt eins außer Kraft gesetzt werden. Aber gerade auf diese weiteren Punkte hoffte die Delegation, garantierten sie doch anscheinend, dass das traditionelle politische und ökonomische System Tibets und der Status des Dalai Lamas so lange intakt bleiben sollten, bis die Tibeter selbst Reformen wünschten. Hieß das nicht, dass die Tibeter einigermaßen unbehelligt würden weiterleben können? War damit nicht die Fortsetzung des Krieges, auch eine sofortige Unterstellung unter chinesische Zentralverwaltung abgewendet worden? So schien es. Und dennoch war ohne großen Widerstand nicht weniger als die tibetische Souveränität aufgegeben worden: Dies war nach dem Abkommen von 821 der zweite Staatsvertrag, den Tibet mit China schloss, aber das erste Mal in der Geschichte, dass Tibet die chinesische Vorherrschaft schriftlich anerkannte. «Einen Stein hinwerfen, Jade bekommen»: Die chinesische Taktik war aufgegangen, Tibet hatte sich ködern lassen, in der Hoffnung, durch die Unterzeichnung etwas zu gewinnen. Tatsächlich unterzeichneten die Tibeter den Verlust ihrer Unabhängigkeit.

Einen einzigen Tibeter «befreiten» die chinesischen Kommunisten zwischen Winter und Frühling 1950/51 übrigens tatsächlich ein wenig: Da die Regierung in ihrem provisorischen Sitz in Yatung weitgehend dazu verdammt war abzuwarten und der strenge Unterricht des Dalai Lamas nicht wie gewohnt abgehalten werden konnte, blieb dem Sechzehnjährigen plötzlich zum ersten Mal viel Zeit und Freiraum, sich nach eigenem Willen zu bewegen. Sein Bruder Lobsang Samten erinnert sich, wie sie gemeinsam die Gegend erforschten. Keuchende ältere Mönche im Schlepptau, besuchten die beiden Jugendlichen in temporeichem Tatendrang «jedes Kloster, jeden Schrein und jeden Tempel in der ganzen Gegend. Aber wir jagten auch Schmetterlinge, wateten bis zu den Knien in kalten Bergbächen und spielten Fangen.» Und zu

Kundün bemerkt er: «Ich glaube, ich habe ihn nie so fröhlich und sorglos gesehen.»[104] Dieses fast urlaubshafte Intermezzo endete bald nach Ngabös Unterzeichnung des Abkommens mit China. Der Dalai Lama selbst schien zwar zunächst zu bezweifeln, ob eine Rückkehr nach Lhasa richtig sei, seine Familie war jedenfalls strikt dagegen, die Regierung aber eher dafür. Besonders den tibetischen Adeligen schien es vor den voraussehbaren Unbequemlichkeiten des Exils zu grauen. Schließlich entschied Tendzin Gyatso nach langen Debatten und unter Zuhilfenahme eines Orakels, nicht ins Ausland zu fliehen – man hatte über Sri Lanka, Indien oder sogar die USA gesprochen –, sondern Ende Juli nach Lhasa zurückzukehren und China gegenüber auf der Basis des «17-Punkte-Abkommens» zu agieren.

Dieses Abkommen bot zwar weniger als das, was Tibet im Rahmen der gescheiterten Dreierkonferenz von Shimla (1913/14) hätte bekommen können, als der britische Bevollmächtigte Sir Henry McMahon – auch um die Handelsbeziehungen seines Landes zu Tibet zu regeln – zwischen Tibet, repräsentiert durch Minister Shatra, und der damaligen Republik China, vertreten durch Chen Ifan, vermitteln wollte, um eine Konvention über den offiziellen Status der Beziehungen beider Länder zu schließen. Zwischen den Extremforderungen «Unabhängigkeit» (Tibet) und «Souveränität über Tibet» (Republik China) schlug er damals das Konzept der «Suzeränität» vor: größtmögliche tibetische Autonomie bei formeller Unterstellung unter China. Tibet wäre damit eine Art halbsouveräner Staat geworden.

Schwieriger noch als die Definition des politischen Status gestaltete sich damals der Versuch einer einvernehmlichen Grenzziehung. McMahon schlug die Bildung eines äußeren (von Chinas Grenze aus gesehen) und eines inneren Tibets vor. Das äußere Tibet sollte eine Art Dominium Chinas sein, aber über eine eigene Regierung verfügen. Der chinesische Einfluss würde sich auf einen Repräsentanten und dessen Schutztruppe beschränken, es wäre nicht erlaubt, zusätzliche Beamte oder Truppen dort zu stationieren oder eine chinesische Provinz daraus zu machen. Im inneren Tibet, also in den Grenzregionen zu China, sollte jedoch China die Regierungsmacht ausüben, auch Truppen stationieren dürfen. Die vorgeschlagene Trennlinie wäre für das relativ selbständige, von Lhasa regierte äußere Tibet aus heutiger Perspektive sehr vorteilhaft gewesen, hätte de facto sogar territorialen Gewinn bedeutet, weil ihm Teile des ethnographischen Tibets zugeschlagen worden wären. China hätte lediglich Gebiete verloren, die es erst unlängst besetzt hatte, und zudem die ersehnte vertragliche Anerkennung von tibetischer und britischer Seite erhalten, dass Tibet einen Teil Chinas bildet. Dennoch hielt das republikanische China den Vertrag für zu unvorteilhaft und lehnte ab.

Das «Siebzehn-Punkte-Abkommen» mit der kommunistischen Volksrepublik versprach zwar wesentlich weniger als die Shimla-Konvention, war aber trotzdem eine Arbeitsgrundlage, die zumindest in Teilen Selbstbestimmung versprach. Kurz nach seiner Rückkehr verfasste der verhandlungsbereite Dalai Lama daher in bestem kommunistischem Jargon ein offizielles Telegramm an Mao: *Die lokale Regierung Tibets, die Mönche und das gesamte tibetische Volk verleihen ihrer einstimmigen Unterstützung dieser Übereinkunft ihren Ausdruck. Unter der Führung des Vorsitzenden Mao Tse-tung und der zentralen Volksregierung unterstützen sie aktiv die Einheiten der Volksbefreiungsarmee, die Tibet zur Stärkung der nationalen Verteidigung [Chinas], der Vertreibung imperialistischer Kräfte aus Tibet und der Garantie der Souveränität des gesamten Territoriums des Mutterlandes betreten haben.*[105] Mao bedankte sich.

CHINAREISE: EIN REFORMER UND DER KOMMUNISMUS

Die erste Phase der chinesischen Besatzung Tibets etwa von 1951 bis 1954 kennzeichnete die Konsolidierung der physischen Kontrolle; erst danach sollten die politischen und sozialen Transformationen in Angriff genommen werden. Am 9. September 1951 marschierten 3000 chinesische Soldaten friedlich in Lhasa ein. Kurz danach folgten weitere 20 000 und besetzten unter den Generälen Zhang Guohua und Dan Guansan die anderen großen Städte Tibets. Tibet befand sich also de facto unter der militärischen Kontrolle Chinas, doch war diese in den ersten vier Jahren recht schwach, da der Straßenbau noch nicht weit gediehen war. Die Besatzer versuchten, sich einerseits weitgehend an das «Siebzehn-Punkte-Abkommen» zu halten, aber andererseits doch die Autorität und Funktionen der tibetischen Regierung allmählich auszuhöhlen. Die Ironie der Geschichte will es, dass der tibetische Gegenspieler Maos selbst ebenfalls der Ansicht war, sein Volk müsse aus seiner technologischen und teilweise sozialen Rückständigkeit herausgeholt werden. Der Potentat im Potala stand sozialen Reformen sehr aufgeschlossen gegenüber und hielt es nicht für wünschenswert, das mitunter ausbeuterische Feudalsystem des traditionellen Tibets aufrechtzuerhalten. Dass der Dalai Lama und Mao eine echte Übereinkunft über Veränderung und Modernisierung treffen könnten, wäre also denkbar gewesen.

In einer seiner ersten Amtshandlungen hatte der Dalai Lama bereits am 17. November 1950 eine Reformkommission gegründet, die seine Pläne für eine Modernisierung Tibets umsetzen und ausarbeiten sollte. In einem ersten Schritt reformierte er das Steuerwesen in einer Weise, die unrechtmäßige Bereicherungen durch die steuereintreibenden Distriktbehörden verhinderte. *Am dringendsten aber bedurfte unser Gesellschaftssystem der Reform hinsichtlich der großen Privatbesitzungen.*[106] Wenige adlige Familien besaßen riesige Latifundien, die ihnen vom Staat überschrieben worden waren. Als Gegenleistung mussten sie dafür lediglich ein Familienmitglied als Regierungsbeamten zur Verfügung stellen und für seinen Unterhalt aufkommen. Bearbeitet wurde der Boden ohne direkten Lohn von zum Besitz gehörenden leibeigenen Bauern, denen die Großgrundbesitzer im Ausgleich für ihre Arbeit einige Äcker überließen. Den Ertrag dieser Landstücke durften die Bauern vollständig behalten. *Daraufhin beschloß ich, den größeren Teil all dieser großen Güter wieder in das Eigentum des Staates zu überführen, die Familien, denen sie einst zum Geschenk gemacht worden waren, angemessen zu entschädigen und die Beamten fest in bar zu besolden. Der Grund und Boden aber sollte unter jene Bauern aufgeteilt werden, die ihn bisher bereits bestellt hatten. Damit wären sie alle zu gleichgestellten Pächtern des Staates geworden.*[107] Auch für die Klöster, die ebenfalls über ausgedehnten Grundbesitz verfügten, plante er Ähnliches, stieß aber mit beiden Ideen in den Reihen des höchst konservativen Klerus und des auf Besitzstandswahrung fixierten Adels selbstverständlich auf wenig Zustimmung. Dennoch war er streng genommen neben den chinesischen Kommunisten der Einzige, von dem radikale Reformen der tibetischen Gesellschaft ausgehen konnten. Die quasi leibeigenen Bauern hinderte ihr buddhistischer Glaube, angesichts der stark hierarchischen sozialen Strukturen ein ausgeprägtes Ungerechtigkeitsgefühl zu entwickeln. Zudem litten sie (zum Ärger der chinesischen Kommunisten) unter einem Mangel an solidarischem Klassenbewusstsein. Schuld war tatsächlich das «Opium des Volkes», die Religion, genauer gesagt die buddhistische Karma-Theorie: *Ein armer Tibeter hatte wenig Veranlassung, seinen reichen Gutsherren zu beneiden oder anzufeinden, denn er wußte, daß jeder die Saat aus seinem früheren Leben erntet.*[108] Das bedeutet nun nicht, dass ein *armer Tibeter* gezwungen ist, sich dauerhaft mit seiner Stellung in dieser weltlichen Hierarchie abzufinden oder dass er niemals den Platz seines *reichen Gutsherren* einnehmen kann. Er wird als Buddhist sein Ziel aber nicht durch Revolution – und somit in diesem Leben – erreichen, sondern sich höchstens durch Religion, durch dem Buddhismus gemäßes richtiges Verhalten eine bessere Wiedergeburt verdienen – irgendwann vielleicht sogar als Gutsherr. Gegen die Macht der Klöster, also die spirituelle Hierarchie, aufzubegehren war in einer so stark religiös geprägten Gesellschaft undenkbar.

Neben diesen ersten eigenen Entwürfen zum vorsichtigen Umbau der tibetischen Gesellschaft musste der unerfahrene neue Herrscher sich auch eine Haltung im Umgang mit China erarbeiten. Er entschied sich nach reiflichem Nachdenken für Kooperation wann immer möglich und passiven Widerstand, wenn die chinesischen Vorgaben völlig unannehmbar wären. *Ich hatte ja noch immer keinerlei theoretische Vorbildung, wie man sich in den Verwicklungen der internationalen Politik zu verhalten habe; ich konnte auf diese Probleme nur das anwenden, was mir meine religiöse Ausbildung gegeben hatte, und dazu meinen, wie ich annehme, gesunden Menschenverstand; aber die geistliche Ausbildung, so glaubte ich und glaube ich noch immer, war und ist eine sehr zuverlässige Richtschnur. Wenn wir uns weiterhin den chinesischen Nachbarn widersetzten und sie noch mehr verärgerten – so überlegte ich –, konnte dies nur zu einer immer stärker werdenden Unterdrückung und immer weiter wachsenden Erbitterung des Volkes führen. Die sichere Folge dieser Entwicklung würde schließlich ein Ausbruch gewaltsamer Auflehnung sein. Gewalt aber war nutzlos; wir konnten die Chinesen auf keinen Fall durch Gewaltmittel, gleich welcher Art, loswerden. [...] Als einzige Hoffnung blieb uns, die Chinesen im Guten dahin zu bringen, die Versprechungen zu erfüllen, die sie in dem Abkommen mit uns eingegangen waren. Gewaltlosigkeit war der einzige Weg, auf dem wir schließlich ein gewisses Maß an Freiheit zurückgewinnen konnten, vielleicht erst nach Jahren der Geduld.*[109]

Eines jedoch schloss er für sich völlig aus, nämlich die Unterstützung von Gewaltanwendung gegen die chinesischen Besatzer, wobei er gleichermaßen pragmatische wie ethische Gründe im Blick hatte: *Gewaltsamer Widerstand war nicht nur undurchführbar, er war auch unsittlich.*[110] Die Chinesen selbst exekutierten ihre Ziele mit Zuckerbrot und Peitsche. Nachdem der Dalai Lama auf dringende Forderung des Generals Fan Ming seine beiden offen antichinesisch eingestellten Premiers Lukhangwa und Lobsang

Tashi abgesetzt hatte, ohne Nachfolger zu ernennen, zeigten sich die immer fester im Sattel sitzenden chinesischen Vertreter in Lhasa wieder freundlicher. Schließlich lud man den Dalai Lama 1954 sogar zu einer ausgedehnten Reise durch China ein, die beinahe ein Jahr dauern würde. Er sollte sich ein Bild von den Errungenschaften des «Neuen China» machen dürfen, führende Parteikader kennen lernen und eine Delegation von zehn Tibetern anführen, die als Vertretung Tibets an der Tagung der chinesischen Nationalversammlung teilnehmen sollte, welche eine Verfassung ausarbeiten wollte. Zudem sollte er eine mehrmonatige Reise durch verschiedene chinesische Provinzen unternehmen dürfen. Er muss sich gefreut haben auf diese erste Auslandsreise, so viel würde zu erleben sein: zum ersten Mal in einem Flugzeug fliegen, zum ersten Mal in einem Zug fahren. Etwas von der Welt sehen. Viele Menschen kennen lernen, die ihn höflich, aber wie einen Menschen und nicht als göttliche Erscheinung behandeln. Die ihm die Hand reichen – in Tibet undenkbar! Mit von der Partie waren neben den offiziellen Begleitern auch seine Mutter, sein jüngster Bruder und der damals sechzehnjährige Panchen Lama, der unter chinesischem Einfluss aufgewachsen war und von dem kolportiert wurde, er habe schon als Kind begeisterte prokommunistische Briefe an Mao verfasst. In Beijing wurden die beiden wichtigsten Lamas Tibets von Vizepräsident Zhu De und Ministerpräsident Zhou Enlai am Bahnhof empfangen. Zwei Tage darauf traf der Dalai Lama zum ersten Mal den Vorsitzenden der KPCh Mao Zedong sowie den Staatspräsidenten Liu Shaoqi.

Der junge Dalai Lama war spontan angetan von Mao, den er für einen *bemerkenswerten Mann* hielt, er spürte, *welche Macht seine Persönlichkeit ausstrahlte.*[111] Einschätzen konnte er ihn gleichwohl nur schwer. Was sollte er auch anfangen mit der en passant fallen gelassenen Bemerkung Maos, *der Buddhismus sei doch eine recht gute Religion, und Buddha habe, obwohl er ein Prinz gewesen sei,* sich viel mit der Frage befaßt, wie man die Lebensbedingungen des Volkes verbessern könne[112]. Dies ließ sich doch eigentlich beinahe als Lob verstehen? Dass diese *außergewöhnliche Persönlichkeit* ihn aber bei einer anderen Begegnung wiederum, Karl Marx zitierend, darauf hinwies, dass Religion selbstverständlich Gift sei, verwirrte den unerfahrenen Dalai Lama beträchtlich. *Was wollte er damit sagen? [...] Natürlich war mir klar, daß er ein erbitterter Feind der Religion sein mußte; mir jedoch war er aufrichtig freundschaftlich und herzlich gesinnt.*[113] Und, so ist seine Logik als spirituelles Symbol wohl zu lesen, wenn er mir als Person *herzlich gesinnt* ist, dann doch wohl auch der Religion, die ich verkörpere. Später betrachtet er das klassische Marx'sche Diktum weniger irritiert: *In einem Sinne glaube ich, daß Marx dabei nicht ganz unrecht hat. Wenn wir einen Blick in die Geschichte werfen, müssen wir zu unserem Erschrecken feststellen, daß viele Religionen zu Institutionen erstarrt sind. Entweder wird zum Unterhalt der Institution Geld benötigt oder bereichern sich einzelne Personen im Namen der Religion.*[114] Auch erkennt er an, dass es *Ausbeutung im Namen der Religion* gab und gibt, weshalb eine *ernstgemeinte Kritik der Religion und ihrer Institutionen*[115] durchaus angebracht sei.

Was aber der chinesische Kommunismus für Tibet bedeuten würde, konnte der Neunzehnjährige während seiner Reise kaum ahnen. Natürlich hatte ihm die chinesische Führung das Neue China nur selektiv gezeigt. Natürlich musste ihn als reformwilligen Herrscher die Verbesserung der allgemeinen Lebensbedingungen und als technikbegeisterten Tüftler der bereits erzielte technische Fortschritt im Vergleich zum vorindustriellen Tibet nachhaltig beeindrucken. Selbst als er schon zwanzig Jahre im Exil lebt, wird er noch anerkennen, dass *China seit der kommunistischen Machtübernahme große Fortschritte gemacht* hat und die Kommunisten *in Tibet sogar viele Änderungen erreicht haben, die notwendig waren und von uns vielleicht nicht hätten durchgeführt werden können. Aber um welchen Preis und unter welchen Opfern haben sie das erreicht!*[116] Auch einige grundsätzliche Ideen des Marxismus, wie man sie ihm damals präsentiert haben mag, sprachen und sprechen sein natürliches Gerechtigkeitsempfinden an: *Ich bewundere gewisse Aspekte des Marxismus nach wie vor [...], weil der Kapitalismus sich nur dafür interessiert, wie die Produktion erhöht und der Gewinn maximiert, also Geld gemacht werden kann. [...] Die marxistische Wirtschaftstheorie dagegen versucht in erster Linie, eine gerechte Verteilung zu gewährleisten, und richtet ihre Aufmerksamkeit auf die weniger privilegierten Menschen.*[117] Seine Schlussfolgerung daher: *Der Kommunismus erscheint mir manchmal gerechter als die Demokratie.*[118] Zudem entdeckte der Dalai Lama auf einer höchst allgemeinen Ebene durchaus Parallelen zu seiner buddhistischen Geisteswelt: Beide, Marxismus wie Buddhismus, scheinen nämlich dem flüchtigen Blick nach einer ähnlichen Aufgabe verpflichtet, nämlich das Leiden der Menschen abzuschaffen. Problematisch an der von ihm gesehenen Parallele ist allerdings, dass beide völlig entgegengesetzte Auffassungen darüber vertreten, wie menschliches Leid zu beseitigen sei: auf materielle oder spirituelle Weise. Wenn der Kommunismus die irdischen Lebensbedingungen verbessern will, so hätten die Tibeter zwar wohl nichts dagegen einzuwenden, sie glauben aber auch, das irdische Dasein könne ohnehin niemals letzte Zufriedenheit verleihen. Befreiung, das wollten auch die buddhistischen Tibeter, aber nicht in erster Linie von Feudalherren und Imperialisten, sondern vom unvermeidlichen Leiden am Dasein, das aus einer immer wiederkehrenden Folge von Geborenwerden, Altern, Kranksein und Sterben besteht. Doch diese Befreiung konnte der Kommunismus allein nicht leisten. Eine Kombination mit dem Buddhismus wäre da wünschenswert, befindet der Dalai Lama: *Wenn ich mich den Leuten vorstelle, sage ich daher noch heute gelegentlich, daß ich halb Marxist und halb Buddhist bin.*[119] Solchen Gedankengängen, wonach der Kommunismus sogar den von seinen Auswüchsen heftig gebeutelten Tibetern tatsächlich von Nutzen sein könnte, würden jedoch die wenigsten seiner Schutzbefohlenen folgen. «Der Dalai Lama ist in seinem Denken sehr liberal, zu liberal [...] für die breite Masse der Tibeter»[120], lautet denn auch die Einschätzung seines Privatsekretärs Tendzin Geyche.

Bei einem Empfang im November 1954 stellte Zhou Enlai dem Dalai Lama auch Nehru vor, der gerade in China zu Gast war. *Er lächelte, sagte aber nur, daß es ihn freue, mich kennengelernt zu haben. Es waren dies die einzigen Worte, die ich in China mit ihm wechselte.*[121] Man kann nur mutmaßen, dass es Nehru wohl recht unangenehm gewesen sein muss, dem Dalai Lama hier zum ersten Mal persönlich zu begegnen, schließlich hatte die indische Regierung erst im April 1954 das so genannte Pancha-Shila-Abkommen über friedliche Koexistenz mit China geschlossen. Es enthielt die wechselseitige Verpflichtung, sich nicht in interne Belange seines asiatischen Nachbarn einzumischen. Indien besiegelte damit indirekt, nicht zugunsten Tibets einzugreifen, da dies als «innerchinesische Angelegenheit» betrachtet wurde.

Der Dalai Lama scheint damals nichts davon gewusst zu haben. Dass der Neunzehnjährige, unerfahren in internationaler Politik und von Grund auf menschenfreundlich eingestellt, gewillt war, dem ihm ebenfalls zuvorkommend begegnenden über sechzigjährigen Mao zu vertrauen und nicht zu bemerken, welche Absichten sich hinter dessen Lächeln verbargen, ist angesichts seines bisherigen Lebens nachvollziehbar. So erinnert er sich: *Nach verschiedenen Treffen mit dem Vorsitzenden Mao hatte ich den Eindruck, daß er die Zukunft Tibets klar sah. Ich hatte wirklich das Gefühl, daß es möglich wäre, Tibet mit Hilfe der kommunistischen Regierung Chinas im materiellen Sinn zu fördern.*[122] Beinahe ein Jahr nach seinem Aufbruch aus Lhasa kehrte der Dalai Lama im Spätfrühling 1955 *zuversichtlicher und überzeugter* nach Tibet zurück, in dem Glauben, Mao meine es ernst damit, dass, *solange wir arm und rückstän-dig seien, China uns helfen würde; daß wir aber nach zwanzig Jahren in der Lage sein würden, ihnen zu helfen,* und *daß die in Tibet statio-nierten chinesischen Truppen zurückgezogen werden würden, wenn die Tibeter auf eigenen Füßen stehen könnten.*[123] Da es den Chinesen bis heute nicht gelungen ist, Tibet, die ärmste ihrer Regionen, wirt-schaftlich zu entwickeln, wird diese wohlwollende Interpretation der Absichten Maos weiterhin Wunschtraum bleiben.

In der Abwesenheit des jungen Staatsoberhaupts hatte sich die Lage in Tibet dramatisch verschlechtert. Während Tendzin Gy-atsos Rundreise, die ihn auch durch seine Heimat Amdo führte, versuchten ihm dort lebende Tibeter eine Petition zu überreichen, wonach ihre Gebiete unter die Oberhoheit Lhasas gestellt und so zu einem Teil des politischen Tibets gemacht werden sollten. Dann gelte auch bei ihnen das «Siebzehn-Punkte-Abkommen». Das ti-betische Kernland litt zwar unter Nahrungsmittelknappheit, da die vielen chinesischen Soldaten zu versorgen waren, es war aber in der ersten Hälfte der 1950er Jahre weitgehend von radikalen kom-munistischen Maßnahmen verschont geblieben. Osttibet aber, die Regionen Amdo und Kham, gehörte offiziell zu chinesischen Provinzen und wurde deshalb den in ganz China durchgeführten «demokratischen Reformen» und der «sozialistischen Transfor-mation der Landwirtschaft» unterworfen. Das Gebiet war damit bereits Opfer von Zwangsenteignungen, Kollektivierungen und Indoktrinationen, aber auch von immer brutalerer Unterdrü-ckung der Religion, erzwungenem Klassenkampf und Vergel-tungsmaßnahmen gegenüber «Konterrevolutionären». In dieser Region sollte es als Erste zu bewaffneten Aufständen tibetischer Rebellen kommen. Und aus diesen Provinzen stammen auch die meisten Berichte von chinesischen Gräueltaten der tibetischen Be-völkerung gegenüber. Zudem wurden hier auch recht früh in großem Umfang ethnische Han-Chinesen angesiedelt. War dies nicht aggressive Siedlungspolitik? Mao und andere Mitglieder der chinesischen Regierung versuchten ihren Expansionsdrang dem Dalai Lama gegenüber dreist als Tauschhandel zu verkaufen: *Im Laufe unserer Unterhaltung sagte man mir:* «*Da ihr Tibeter über ein riesiges Territorium verfügt und wir Chinesen über eine sehr hohe Bevölkerungszahl, wäre es gut, wenn wir da an einen Austausch dächten.*»[124]

Böse Ahnungen, dass Tibet eine chinesische Zukunft bevorstehen würde, konnten also durchaus aufkommen, doch hatte der Neuling auf dem politischen Parkett während seiner Reise zumindest erreicht, dass die chinesische Regierung ihn für so weit regierungsfähig und kooperationsbereit erachtete, dass eine unmittelbare Militärherrschaft Chinas vorerst abgewendet worden war. Was Tendzin Gyatso aber nicht verhindern konnte, war die Einsetzung des «Vorbereitenden Komitees für die Autonome Region Tibet» (PCTAR), das die Umwandlung Tibets in eine chinesische Provinz mit neuen Regierungs- und Verwaltungsstrukturen einleiten sollte. Die Kommunistische Partei vertrat für China das Konzept eines multinationalen Einheitsstaats. Eine gewisse «regionale Autonomie» wollte man manchen der «nationalen Minderheiten» bis zu einem bestimmten Grad gewähren, die Anbindung an China lediglich im Rahmen einer Föderation jedoch nicht. Nicht unverständlich angesichts der Sicherheitsinteressen Chinas: Keine Grenzregion durfte die Möglichkeit zur rechtmäßigen Trennung von China haben. Man war (und ist) sich wohl bewusst, dass im Fall einer freien Wahl nicht nur die Tibeter, sondern auch die muslimischen Uiguren Xinjiangs sowie die Mongolen der Inneren Mongolei sich für eine Loslösung entscheiden würden. China würde auf einen Schlag zwar nur weniger als sieben Prozent seiner Einwohner, aber über die Hälfte seines Territoriums verlieren. Die Abtrennung einer «Autonomen Region Tibet» – sehr viel kleiner als das «Äußere Tibet», das das

Shimla-Abkommen vorgesehen hatte – und die Eingliederung der restlichen tibetisch besiedelten Gebiete in chinesische Provinzen war rein politisch, nicht kulturell oder national erklärbar. Die Zusammensetzung des «Vorbereitenden Komitees» war eine Farce. Zwar saßen in diesem Komitee 46 Tibeter, darunter der Dalai Lama als Vorsitzender, der Panchen Lama als Vize und der bereits bekannte Minister Ngabö als Generalsekretär nur fünf Chinesen gegenüber[125], die große Mehrzahl der Tibeter waren jedoch chinesisch gelenkte Marionetten. Aufgaben der tibetischen Regierung wurden entgegen dem «Siebzehn-Punkte-Abkommen» dem «Vorbereitenden Komitee» übertragen, wodurch die Stellung der eigentlichen Regierung geschwächt wurde. Das Volk war kurz vor dem Aufstand. Nun zeigte sich das Dilemma der Doppelrolle des Dalai Lamas: Weil er als buddhistisches Oberhaupt Gewalt vermeiden wollte und kooperierte, drohte ihm als weltlichem Führer Autoritätsverlust, denn dadurch, *daß ich mich dem instinktiv zur Auflehnung drängenden Volk widersetzte, half ich nur den Chinesen, das Vertrauen des Volkes in mich zunichte zu machen. Aber selbst wenn das Volk sein Vertrauen zu mir als weltlichem Oberhaupt verlor, durfte es doch nicht seinen Glauben an mich als geistliches Oberhaupt verlieren. Und das war viel wichtiger. Ich konnte mein weltliches Amt einem anderen übertragen; ich konnte abdanken – aber der Dalai Lama als geistliches Oberhaupt durfte nicht abdanken, und ich dachte auch im Traum nicht daran.*[126]

INDIENREISE: DER GEBURTSTAG DES BUDDHAS

Während im Osten Tibets ab 1956 offene Kämpfe tobten, erste Flüchtlinge von dort Richtung Lhasa zogen und auch in Zentraltibet die allgemeine Lage recht düster war, erhellte ein Lichtblick das Leben des Dalai Lamas. Er erhielt eine Einladung der indischen Mahabodhi-Gesellschaft, die sich Ende des 19. Jahrhunderts zur Förderung des Buddhismus gegründet hatte, an den im Spätjahr 1956 stattfindenden Feiern zum 2500sten Geburtstag des Buddhas teilzunehmen. Zum ersten Mal würde er nach Indien reisen, zu den Orten, an denen der historische Buddha gelehrt hatte. Die Einladung zu diesen «Buddha-Jayanti»-Festlichkeiten wurde vom Maharaj Kumar Palden Dhöndup Namgyal, dem Kronprinzen Sikkims, persönlich überbracht. Zu seinem Erstaunen erhielt der Dalai Lama nach einem ersten Verbot überraschend Reiseerlaubnis von den Chinesen – unter der Bedingung, mit dem Panchen Lama gemeinsam zu reisen. An Warnungen und Ermahnungen des ständigen Repräsentanten Chinas in Lhasa, General Zhang Jingwu, sich politischer Statements zu enthalten, und keine außer den von Ngabö vorbereiteten Ansprachen zu halten, hatte es nicht gefehlt. Am 10. Dezember 1956 trafen der Dalai Lama und der Panchen Lama in Neu-Delhi ein – am selben Tag, als Zhou Enlai anlässlich eines gleichzeitig stattfindenden Besuchs in Indien einräumte, dass es in Tibet bewaffnete Zusammenstöße gebe. Premierminister Nehru, seine Tochter Indira Gandhi und der Vizepräsident Sarvepalli Radhakrishnan nahmen die beiden Lamas in Empfang. Man besuchte das Rajghat, wo Mohandas Karamchand «Mahatma» Gandhi neun Jahre zuvor eingeäschert worden war. Dessen gewaltlosen Freiheitskampf hatte der Dalai Lama sich zum Vorbild genommen. Die indische Regierung stellte einen Sonderzug zur Verfügung, mit dem der Dalai Lama, sein Gefolge und auch seine Familie quer durch Indien, insbesondere zu den buddhistischen Heiligtümern des Landes, reisen konnten.

Diese Indienreise bot in der Tat einen willkommenen Anlass, der allzu unerfreulichen und bedrohlichen Gegenwart in der Heimat zu entfliehen. Es sollte eine Reise werden, die für den Dalai Lama in beide Richtungen der Zeit wies: in seine Zukunft und seine Vergangenheit. Hier stieg der personifizierte tibetische Buddhismus erstmals vom Dach der Welt herab und zeigte sich anlässlich der Geburtstagsfeier des Buddhas den buddhistischen Gästen aus aller Welt, diskutierte mit ihnen, lehrte seine Religion. Zweieinhalb Jahre später wird er Indien um Asyl nachsuchen. Man könnte seine Reise als erstes Sichtbarwerden des tibetischen Buddhismus und des Dalai Lamas vor den Augen der Weltöffentlichkeit betrachten, die den bekanntesten tibetischen Buddhisten nur einige Jahrzehnte später als den «weisesten lebenden Menschen» apostrophieren wird.

Andererseits war dies auch eine religiöse Reise in die Vergangenheit, eine Pilgerfahrt zu den Wurzeln. *In kultureller Hinsicht sind wir Tibeter Schüler Indiens, es ist unser Guru, wir sind seine Schüler.*[127] Der Dalai Lama wird sich ständig erinnert haben an das Leben seines wichtigsten Lehrers: Es waren nun fast zweieinhalbtausend Jahre vergangen, seit der Begründer des Buddhismus, Prinz Siddharta Gautama, im Alter von 29 Jahren seine Familie, den Clan der Shakyas, verlassen hatte und in die «Hauslosigkeit» gezogen war. Nach sechs Jahren der Askese und Meditation erlangte er unter einem Baum in Bodhgaya die vollkommene Erleuchtung, das geistige «Erwachen»: Bodhi. Ein Ableger dieses ursprünglichen Baumes wächst noch heute in Bodhgaya, und der Dalai Lama konnte ihn auf seiner Pilgerschaft in Augenschein nehmen. *Mein Besuch in Bodh Gaya wurde für mich zu einer Quelle tiefer Inspiration. [...] Von frühester Kindheit an hatte ich an diesen Besuch gedacht und von ihm geträumt [...] und mit aller Macht packte mich das Wissen von göttlicher Kraft, die in einem jeden von uns wohnt.*[128] Von Bodhgaya aus zog der erwachte Weise, der historische Buddha Shakyamuni, fast 45 Jahre lang durch Nordindien. Vor einer schnell wachsenden Anhängerschaft legte er seine Lehre («Dharma») dar, wie die Lebewesen sich aus ihrer Verstrickung in den Daseinskreislauf befreien können, wie sie das leidhafte Immerwieder-Geborenwerden zum Verlöschen bringen können, um am Ende Nirvana zu erlangen. *Indem man über die Unbeständigkeit und die Leidhaftigkeit als die zwei grundlegenden Aspekte des Daseinskreislaufs nachdenkt, kann man echte Entsagung entwickeln – den tief empfundenen Wunsch, sich von allen Fesseln des Leidens zu befreien.*[129] Es sollte jedoch Jahrhunderte dauern, bis die Lehren des Buddhas ihren Weg über die Berge bis nach Tibet fanden. Der historische Buddha Shakyamuni war als Mensch schon längst Geschichte, nicht mehr greifbar; er war ein Symbol geworden. Und während er in den älteren Schulen als ein noch sehr menschlicher Lehrer erscheint – was sich bis heute in der «Lehre der Ältesten», der Theravada-Tradition Südostasiens, fortsetzt –, entwickelte er sich in der vor etwa zweitausend Jahren entstehenden anderen Tradition des Mahayana, der in Tibet und Ostasien vorherrschenden Ausprägung des Buddhismus, zu einem transzendenten Wesen, das umgeben ist von einem Pantheon unzähliger anderer Buddhas und Bodhisattvas. Maßgeblichen Einfluss auf die Entwicklung des Mahayana hatte die wohl Ende des 1. Jahrhunderts nach Christus entstandene Prajñaparamita-Literatur, mit der der Dalai Lama bereits als Zwölfjähriger konfrontiert worden war – wir erinnern uns: *ein Stein mitten auf die Stirn.* Wesentlich neu ist daran insbesondere, dass das im Theravada propagierte Ideal des «Arhats», des Heiligen, der nur nach individueller Befreiung strebt, aufgegeben wird zugunsten des Bodhisattva-Ideals: Der Bodhisattva gelobt, nicht sich allein, sondern alle Lebewesen zu retten. Um sie auf seiner spirituellen Reise mitnehmen zu können, bedarf es des Mahayana, des «Großen Fahrzeugs». Wer dagegen nur an sein eigenes Heil denkt, nur sich selbst ans rettende Ufer bringen will, der benutzt als Gefährt das Hinayana, das «Kleine Fahrzeug», wie die älteren Schulen vom Mahayana etwas herablassend genannt werden.

Zweite Neuerung der Prajñaparamita-Sutras, der «Lehrreden

von der Vollkommenheit der Weisheit» ist, dass das Konzept der absoluten Leere oder Leerheit («Shunyata»), die alle Phänomene durchdringt, viel Raum erhält. *In den Weisheitssutras lehrte der Buddha einen einzigartigen Pfad zur Erleuchtung, der auf einer tiefen Einsicht in die Leerheit, die eigentliche Bestehensweise aller Phänomene, beruht. Diese Einsicht wird auf der Grundlage eines universellen Mitgefühls und des Erleuchtungsgeistes herausgebildet, also des altruistischen Strebens nach vollkommener Erleuchtung zum Wohl aller Lebewesen. Die altruistische Einstellung ist das Wesentliche für einen Übenden des Großen Fahrzeugs.*[130]

Auch das «Kleine Fahrzeug» hatte statt eines dauerhaften, unabhängigen Wesenskerns der Dinge überall nur Unbeständigkeit und Abhängigkeit finden können, doch war das «Große Fahrzeug» ungleich radikaler und leugnete, da, wo das Hinayana zumindest noch leere Gefäße sah, auch die Gefäße: *Die Leerheit ist die Abwesenheit von inhärenter Existenz in allen Phänomenen*[131], formuliert es der Dalai Lama knapp und prägnant. Daraus ergeben sich beunruhigende Widersprüche für einen Bodhisattva, der gelobt, alle Wesen zu retten, aber weiß, dass, von der Warte der «höchsten Wahrheit» («Paramarthasatya») aus betrachtet, diese nicht gerettet werden können, weil sie nur konventionelle Erscheinungen sind. Zwar existieren sie vom alltäglichen Standpunkt einer «relativen Wahrheit» («Samvrtisatya») aus betrachtet, entbehren aber dennoch jeglicher absoluten, ewigen Existenz. Gleiches gilt natürlich auch für den Bodhisattva, der absolut betrachtet nichts als leer ist.

Wem hat der Dalai Lama diesen metaphysischen *Stein mitten auf die Stirn* zu verdanken? Nun, indirekt den Chinesen, könnte man sagen: In China waren bereits vor etwa zweitausend Jahren buddhistische Texte aus dem Sanskrit ins Chinesische übersetzt worden. Die Blütezeit des chinesischen Buddhismus lag wohl zwischen dem 6. und 10. Jahrhundert, als China der Welt fünf große buddhistische Schultraditionen schenkte, darunter den Zen-Buddhismus[132] – und Tibet eine buddhistische Prinzessin namens Wen Cheng. Der Buddhismus sollte in Tibet also zunächst eine rein höfische Religion werden. Der tibetische König Songtsen Gampo (ca. 618–650) hatte aus politischen Gründen zwei Prinzessinnen geheiratet, die nepalesische Königstochter Bhrikuti und ebenjene Wen Cheng, die Tochter des chinesischen Taizong-Kaisers (reg. 626–649) aus der Tang-Dynastie. Beide waren Buddhistinnen, beide brachten erste Buddhastatuen mit nach Tibet und bekehrten erfolgreich ihren Gatten und sein Gefolge. Der Buddhismus blieb jedoch auf diesen kleinen Zirkel beschränkt, denn es gab für eine Ausbreitung in Tibet damals *weder die geeigneten Lehrer noch überhaupt ein Publikum*[133]. Hundert Jahre später ließ der nächste der drei so genannten Religionskönige, Trisong Detsen (ca. 740–798), zur wirksamen Verbreitung des Buddhismus unter dem tibetischen Volk zwei indische Meister rufen: zuerst den berühmten Gelehrten Shantarakshita, dessen Erfolg beschränkt war, dann den großen tantrischen Meister Padmasambhava. Diesem traute man eher als dem reinen Akademiker Shantarakshita magische Fähigkeiten zu, um so gewappnet mit den alten Göttern und Dämonen der damals in Tibet noch vorherrschenden Bön-Religion (und vor allem mit deren Anhängern) fertig zu werden. Es gelang, und mit der Einweihung des ersten buddhistischen Klosters Samye im Jahr 775 wurde der Buddhismus in Tibet heimisch.

Nun können Neukonvertierte zuweilen zu Übereifer neigen, und so war es auch mit Ralpachen, dem dritten Religionskönig (reg. 815–836). Er erwies sich als derart frommer Buddhist, dass er zwar für die Förderung seiner Religion Unsummen ausgab, seine alltäglichen Regierungsgeschäfte jedoch unachtsam vernachlässigte. Der Widerstand gegen seinen Regierungsstil gipfelte schließlich in seiner Ermordung. Sein dem Bön zugetaner Nachfolger Langdarma (reg. 838–842) hingegen verfolgte die Buddhisten mit aller Härte, zerstörte Klöster und Schriften, sodass die erste Ausbreitung des Buddhismus ein Ende fand. Nur wenige Mönche konnten sich in den Osten nach Amdo flüchten.

Erst zweihundert Jahre später wagte Tibet einen Neuanfang und lud etwa um 1043 Atisha (980/90–1055) nach Tibet ein. Atisha war zuvor Lehrer an einer der großen indischen Klosteruniversitäten gewesen und hatte die Methode zur Erzeugung des «Bodhicitta», einer geistigen Haltung des Strebens nach Erleuchtung, systematisiert. Obwohl ein Gelehrter wie Shantarakshita, glückte ihm die erneute «Buddhisierung» Tibets, zudem begründete er die Kadampa-Schule, die als Vorläufer der Gelugpa gelten kann.

Der Buddhismus begann also ein zweites Mal in Tibet Wurzeln zu schlagen. Hilfreich war dabei, dass diese höchst anpassungsfähige Religion sich in jeder Gegend, in die sie gelangt, stark regional einfärbt. Die alten Gottheiten der damals vorherrschenden schamanistischen Bön-Religion wurden daher nicht abgeschafft, sondern in einer Form von «freundlicher Übernahme» assimiliert, indem der Buddhismus etwa ehemals eigenständige Dämonen, Berggötter oder Windgeister in Beschützer der

TSONGHKAPA

Der «Mann aus dem Zwiebeltal» wird in Tibet als Reformator und großer Gelehrter verehrt. Seine Interpretation der Lehren des tibetischen Kanons fasste er in den Hauptwerken «Lamrim Chenmo», also die «Große Darlegung der Stufen des Weges», und «Ngagrim Chenmo», die «Große Darlegung des Geheimen Mantra», zusammen. Seine insgesamt achtzehn Bände umfassenden Schriften werden von seinen Schülern als Meditationshandbücher verwendet. In der von ihm begründeten Gelugpa, «Schule der Tugendhaften», wird besonders viel Wert auf Disziplin und Gelehrsamkeit gelegt. Auf ihn gehen die Großklöster Drepung, Sera und Ganden zurück. Zuweilen hört man wegen der Farbe ihrer zeremoniellen Kopfbedeckungen für seine Tradition auch die Bezeichnung «Gelbmützenschule».

buddhistischen Lehre umwandelte oder zu personifizierten Sonderaspekten bestimmter Bodhisattvas deklarierte und damit elegant in das buddhistische Universum integrierte. So erklärt sich auch, warum das Pantheon in Tibet so dicht bevölkert ist und man zunächst oft glaubt, im tibetischen Buddhismus einem schier unüberschaubaren Heer von Gottheiten und Dämonengestalten gegenüberzustehen. Völlig verschwunden ist die alte Religion durch diese Übernahme nicht, und so erkannte der Dalai Lama 1977 Bön offiziell als eine dem Buddhismus gleichberechtigte spirituelle Schule Tibets an.

Bald nach Atisha verzweigte sich der tibetische Buddhismus in verschiedene, jedoch immer noch verwandte Traditionslinien, die zu einer jeweils eigenen Synthese buddhistischer philosophischer Theorie und praktischer Umsetzung in Meditationstechniken gelangt waren. Vier davon sind heute noch lebendig: *Nyingma*, die noch auf die erste Ausbreitung des Buddhismus zurückgeht, *Sakya, Gelug und Kagyü. Es ist ein großer Fehler zu behaupten, eine dieser Schulen sei den anderen übergeordnet. Sie folgen allesamt demselben Meister, dem Buddha Shakyamuni [...]. Ich versuche, den Glauben an alle vier Schulen und die Bewunderung für sie zu fördern. Das ist für mich mehr als nur eine diplomatische Geste – ich tue es aus voller Überzeugung* [134], so der Dalai Lama, der urteilt, den Unterschieden zwischen den Traditionen werde *übertriebene Bedeutung beigemessen [...]. Der Vorteil eines nichtsektiererischen Denkens liegt darin, daß man zu einem besseren Verständnis der verschiedenen Unterweisungen gelangt, wenn man die Übermittlung der Lehren, Initiationen und Erläuterungen von verschiedenen Traditionen erhält. Aus eigener Erfahrung weiß ich, wie außerordentlich nützlich dies ist.* [135] Allerdings haben diese Aussagen auch eine politische Komponente. Will der Dalai Lama im Namen des gesamten tibetischen Buddhismus und für alle Tibeter sprechen, muss er zumindest versuchen, über den Schultraditionen zu stehen. *Wenn ich bei mir zu Hause bin, dann ist es ganz und gar meine Sache, welcher Art von religiöser Praxis oder Tradition ich folge. Bin ich jedoch im Amt, dann glaube und handle ich so, als gehörte ich keiner bestimmten Sekte oder Tradition an. Es gibt hier also so etwas wie eine Trennung.*[136] Doch seien die Differenzen zwischen den Schulen genau genommen gleich denen zwischen verschiedenen Flugzeugtypen: Auch wenn sie sich in Größe, Farbe und Form und gewissen technischen Details unterscheiden, ihnen *ist [...] gemeinsam, daß sie in Abhängigkeit von Luftwiderstand und Motorleistung durch den Himmel fliegen*[137]. Hauptsache ist also: Die buddhistischen Fahrzeuge Tibets funktionieren und (be)fördern ihre Passagiere auf deren keineswegs leicht zu beschreitendem spirituellem Pfad. Um sich dessen Komplexität vor Augen zu führen, genügt es schon, nur einige Aspekte der zehn verschiedenen Stufen auf dem Weg zu spiritueller Vervollkommnung zu betrachten, die ein Bodhisattva – wie etwa der Dalai Lama – nach den Lehren des Mahayana durchlaufen sollte: Zunächst soll er aus dem Wunsch, allen Wesen zu helfen, Erleuchtungsgeist («Bodhicitta») erzeugen. Sein Versprechen an die Welt lautet: *«Solange der Raum existiert und solange es Wanderer in zyklischen Existenzen gibt, möge ich bleiben – ihr Leiden beseitigen.» Ich habe diesen Wunsch in diesem Leben, und ich weiß, ich hatte diesen Wunsch in vergangenen Lebenszeiten*[138], bekräftigt Tendzin Gyatso das Gelübde. Also übt er, sich von allen egoistischen Gedanken zu befreien und die wesenhafte Leerheit des Ichs zu erkennen. Er bemüht sich um eine ethische Lebensweise, zu der es gehört, nicht zu töten, zu stehlen, unkeusch zu sein, zu lügen, Rauschmittel zu konsumieren, zu neiden oder übel zu wollen. Zudem praktiziert er geistige Sammlung («Samadhi») und Versenkung («Dhyana»). Ziel ist es, unmittelbare Einsicht in die unvermeidliche Vergänglichkeit des Daseins zu erlangen. Er sucht sich von den drei Grundübeln Gier, Hass und Verblendung zu befreien und übt sich in Wohlwollen, Mitleid, Mitfreude und Gleichmut, um Weisheit zu entwickeln. Intuitiv begreift er nun die «Vier Edlen Wahrheiten» vom Leiden, der Entstehung des Leidens, dessen Aufhören und dem Weg, der zum Aufhören des Leidens führt. Auch erkennt er, dass es eine «konventionelle» und eine «absolute» Wahrheit gibt. In den Worten des Experten: *Ist etwas als Absolute Wahrheit ausgewiesen, ist damit auch die Möglichkeit ausgeschlossen, daß es sich hierbei um eine Konventionelle Wahrheit handeln könnte. Ist etwas als Konventionelle Wahrheit ausgewiesen, entfällt damit automatisch die Möglichkeit, daß es sich um eine Absolute Wahrheit handeln könnte. Das heißt, die Zwei Wahrheiten schließen sich gegenseitig aus.*[139]

Hat er dies alles geübt und erkannt, wird er schließlich das zentrale Konzept der «Leere» begreifen, das besagt, dass alles Seiende bloße Erscheinung ist, dahinter aber nichts als Leerheit steht. *Es muß jedoch hervorgehoben werden, daß die Lehre von der Leerheit in keiner Weise die konventionelle Existenz der Phänomene widerlegt: Die Wirklichkeit unserer konventionellen Welt, in der all die Funktionen und Gesetzmäßigkeiten wie Kausalität, Beziehung, Negation und so fort gültig und wirksam sind, bleibt unversehrt*[140], betont der Dalai Lama, um zu verdeutlichen, dass diese Vorstellung nicht etwa mit Nihilismus gleichzusetzen ist. Hat ein Bodhisattva diesen Erkenntnisstand erreicht, könnte er für immer verlöschen und ins Nirvana eingehen. Und doch verweilt er freiwillig im Daseinskreislauf, um durch gute Taten religiöses Verdienst anzusammeln, welches er nun auf andere übertragen kann, um deren Los zu erleichtern.

Eine große Aufgabe – für den Dalai Lama wie jeden anderen Bodhisattva. Um all dies verwirklichen zu können, braucht es mehr als nur die Lektüre allgemein zugänglicher Sutras, es bedarf insbesondere ausgefeilter Techniken, um spirituelle Erfahrungen zu erlangen. In Tibet leistet dies das aus dem Mahayana entstandene Vajrayana, das «Diamantfahrzeug», das sich durch sein ausgefeiltes Ritualwesen auszeichnet und die Wichtigkeit von spirituellen Lehrern betont. Sein buddhistisches Gedankengut hat es um Elemente aus dem Yoga, aus dem Bereich der von Dämonen durchdrungenen Volksreligion Bön und aus nordostindischen Sexualkulten erweitert. Da die Wissensübertragung in dieser Tradition oft «esoterisch», also geheim verläuft, ist die Initiation durch einen spirituellen Meister, einen Lama, das Tor zum Tantra. Von ihm erhalten die Schüler Meditationsanweisungen, bekommen etwa eine persönliche Gottheit, ihr «Yidam», zugewiesen, über die sie meditieren sollen. *Zusätzlich zu den Meditationsübungen, die dazu dienen, die eigene Erkenntnis der Leerheit und den Erleuchtungsgeist (bodhicitta) zu fördern, schließt das tantrische Übungssystem fortgeschrittene Techniken ein, mit denen man die verschiedenen Elemente des Körpers in der Meditation nutzen kann. [...] Diese besonderen meditativen Methoden, die ein subtiles Zusammenwirken sowohl körperlicher als auch geistiger Elemente im Übenden selbst einschließen, sind das Einzigartige am tantrischen Fahrzeug.*[141]

Mit «Tantra», das im Sanskrit für «Gewebe» oder «Zusammenhang» steht, werden im tibetischen Buddhismus verschiedene Arten von Texten und Meditationssystemen bezeichnet. Tantras können nicht einfach lesend verstanden werden, sie wollen entziffert und entschlüsselt sein. Ohne auslegende Hilfe eines Meisters ist das Studium daher nicht möglich, da sie neben den wörtlichen auch verborgene und übertragene Bedeutungen enthalten.

Symbole, Rituale und meditative Visualisierungen werden in der spirituellen Praxis kombiniert mit der Absicht, das Bewusstsein des Übenden zu transformieren und die buddhistischen Theorien in konkrete und erlebbare Erfahrungen umzusetzen. Da jedoch nicht alle Schüler über das gleiche geistige Potenzial verfügen, sondern *verschiedenartige Veranlagungen mit unterschiedlichen Interessen, Intelligenzgraden und Fähigkeiten*[142] haben, bedarf es unterschiedlicher Herangehensweisen. Man unterscheidet daher vier Tantraklassen. Die Methoden der niedrigsten Klasse zielen auf Schüler, denen geistige Sammlung und innere Visualisierungen schwer fallen. Ihre religiöse Praxis wird von äußerlich, also körperlich zu verrichtenden rituellen Handlungen bestimmt. Dazu gehören etwa das Darbringen von Opfergaben oder das Rezitieren von Mantras. Für Fortgeschrittene kennt die höchste Klasse, das «Anuttarayogatantra», *eine einzigartige Methode, mit der man in der Meditation den Geist punktförmig auf bestimmte lebenswichtige Zentren im Körper richten und diese dann geistig durchdringen kann; so erlangt man Besondere Einsicht durch eine vorwiegend konzentrative Meditation*[143]. Erfolgreich ausführen kann tantrische Übungen nur, wer über eine solide buddhistische Grundlage auf dem Fundament der Lehrinhalte der Sutras verfügt. Danach sollte man *eine Geisteshaltung entwickeln, die darauf ausgerichtet ist, die Leidensursachen vollständig zu beseitigen. Zweitens benötigt man eine korrekte Ansicht der Leerheit [...]. Drittens sind zumindest einige Erfahrungen mit Bodhicitta erforderlich, dem altruistischen Streben nach Erleuchtung zum Wohl aller Wesen auf der Basis von Liebe und Mitgefühl*[144], erklärt der bekannteste Interpret des tibetischen Buddhismus.

Was in westlichen Kreisen oft falsch verstanden wird, ist der Zusammenhang von Tantra und Sexualität: Während ältere buddhistische Texte den Menschen dazu anhalten, alle seine Begierden zum Verlöschen zu bringen, legen manche tantrischen Texte hingegen nahe, die in der Begierde konzentrierten großen geistigen Energien so umzuleiten, dass sie für den Pfad zur Befreiung nutzbar gemacht werden können. Mit ekstatischem Schwelgen in sinnlichen Freuden haben sexuell konnotierte tantrische Praktiken jedoch nichts gemein. Für gewöhnlich wird die Vereinigung von männlicher Methode («Upaya») und weiblicher Weisheit («Prajña») mit dem Ziel der Aufhebung der Dualität der phänomenalen Welt auch nur am Beispiel von Gottheiten visualisiert und nicht konkret durchgeführt: *Das gibt es zwar in Ausnahme-*

fällen, und wenn ein Tantrapraktizierender sehr, sehr hohe Verwirk-
lichung erreicht hat, ist dies tatsächlich möglich. Aber im Normalfall
ist diese Anweisung nicht wörtlich zu nehmen, sondern bezieht sich
auf eine vorgestellte Gottheit. Hier geht es darum, dass, anders als im
nicht-tantrischen Mahayana, [...] eine Einheit von Weisheit und
Methode erreicht wird, die in einem Bewusstseinszustand als eine
Entität präsent und somit nicht teilbar ist.[145]

Das alles kann verwirrend erscheinen, auch mag jemandem, der
eine andere Form des Buddhismus, sei es aus Japan, sei es aus
Thailand, kennt, der tibetische Buddhismus mit seinen verschiedenen Traditionen, seiner überbordenden Symbolwelt, seinen
Schutzgeistern und Ritualen wie eine ganz andere Religion vor-
kommen. Da beruhigt es, dass eine Autorität wie der Dalai Lama
verkündet, zumindest für die unterschiedlichen tibetischen Traditionen sei leicht überprüfbar, ob diese denn wirklich buddhistisch sind: *Aus philosophischer Sicht ist das Kriterium, das eine*
Schule als buddhistisch ausweist, vier Grundlehren zu akzeptieren,
die als die Vier Siegel bekannt sind: Alles Geschaffene ist unbestän-
dig. Alles Befleckte ist leidhaft. Alle Phänomene sind leer und ohne
Selbst. Nirvāna ist wahrer Frieden.[146] Und zum anderen fügt er be-
ruhigend hinzu, hat kein Lama *jemals auch nur eine einzige*
Hauptlehre dazu erfunden, die den indischen Traditionen *wider-*
sprechen würde. Wenn also zum Beispiel ein Buddhist in Tibet seine
Bedenken hinsichtlich einer bestimmten Lehraussage beseitigen
möchte [...], wird er zu diesem Zeitpunkt die Original-Quellen ver-
wenden – die Worte Buddhas oder eines authentischen indischen
Kommentators.[147]

Drei Monate hatte der Ausflug in die Freiheit des buddhistischen Mutterlands Indien gedauert, dann war es Zeit, heimzukehren. Der Dalai Lama tat es recht unwillig, aber Nehru hatte seine Bitte um Asyl geschickt abgewiesen und ihn zur Zusammenarbeit mit China gedrängt. Schließlich hatte Mao doch erst am 27. Februar 1957 erklärt, Tibet sei noch nicht bereit für die Einführung des Kommunismus, und Nehru schien Chinas Zusicherung einer vorgeblich wohlwollenden Tibet-Politik Glauben zu schenken.

Während der Abwesenheit des Dalai Lamas hatte sich die Lage in Tibet rapide verschlechtert. Rebellen, besonders in Kham und Amdo, kämpften offen gegen die chinesischen Besatzer und die aufgezwungenen Reformen. Die Chinesen reagierten in einem halbherzigen Versuch, den Volkszorn zu beschwichtigen, mit dem Abzug eines Teils der chinesischen Zivilbevölkerung und dem Versprechen, die Reformen auszusetzen, da – so die offizielle, geschönte Begründung – die Masse der Tibeter nicht enthusiastisch genug auf die Reformen eingehe. Diese kleine Geste kam zu spät, bewirkte sogar das Gegenteil: Die Revolte erhielt weiteren Zulauf und breitete sich nach Zentraltibet aus. Unterstützt wurde sie nun von der neuen «Nationalen Freiwilligen Verteidigungsarmee» («Tensung Dhanglang Magar») Tibets, einer Vereinigung der beiden Widerstandsgruppen «Mimang» und «Chushi Gangdruk». Bis zum Herbst 1958 wuchs ihre Truppenstärke auf etwa 80 000 Mann an, und sie kontrollierte den größten Teil Südtibets und Teile Osttibets. Aber selbst das war zu wenig, denn China hatte in der Zwischenzeit knapp doppelt so viele, ungleich besser ausgerüstete Soldaten nach Tibet gebracht.[148] Und der erste Mann im Staat? *Ich dachte noch oft an meinen Besuch in Rajghat und fragte mich stets von neuem, welchen Rat mir wohl Mahatma Gandhi angesichts dieser veränderten Umstände gegeben hätte. Würde er mir noch zur Gewaltlosigkeit raten?* Er gab sich selbst die Antwort: *So groß auch die Gewalt war, die man uns antat – niemals konnte es rechtens sein, mit Gewalt zu antworten.*[149] Pazifismus war aber das Letzte, was sein Volk während dieser Zeit des offenen Kampfes gepredigt haben wollte. Solche Botschaften des Dalai Lamas kamen allseits schlecht an: Weder wollten die aufständischen Khampas aus Osttibet seinem Wunsch gemäß die Waffen niederlegen, noch waren die chinesischen Generäle in Lhasa erfreut zu hören, er werde ihrem Wunsch bestimmt nicht entsprechen und die offizielle tibetische Armee gegen die Khampas aussenden. Die Folge war, dass *die Chinesen behaupteten, das Kabinett sei mit den Guerillas verbündet.* Und auf der anderen Seite *glaubten die Khampas zweifellos, das Kabinett halte es mehr oder weniger mit den Chinesen.*[150]

Die Lage eskalierte weiter, und im März 1959 war es so weit, dass nach dem Osten auch in der Hauptstadt Lhasa die offene Revolte ausbrach. Während sein Land unter den Kämpfen litt, musste der dreiundzwanzigjährige Dalai Lama versuchen, sich von der Außenwelt abzuschirmen, da er sich auf die äußerst schwierige Prüfung für eine buddhistische Art von Doktortitel zu konzentrieren hatte, die er am 1. März 1959 ablegte. *Denn selbstverständlich hatte während all der unglückseligen politischen Ereignisse meine religiöse Erziehung ihren Fortgang genommen. Sie interessierte mich auch immer noch am meisten; am liebsten hätte ich überhaupt in Frieden meine religiösen Studien fortgesetzt*[151], gibt er offen zu.

Umfassende Gelehrtheit, die Fähigkeit zu analytischem Denken und dialektischer Debatte gelten in der Gelugpa-Tradition als Bedingungen erfolgreicher meditativer Praxis. Für gewöhnlich dauert ein Studium, das mit dem höchsten Titel, dem «Geshe Lharampa», abgeschlossen wird, bis zu zwanzig Jahre. Der Prüfling wird mündlich examiniert und muss die unterschiedlichsten philosophischen Positionen aus dem Stegreif darstellen und verteidigen können. Titel und Prozedur hatte ursprünglich der fünfte Dalai Lama eingeführt, doch über die Jahrhunderte waren die Kriterien der Verleihung verwässert worden. Erst der dreizehnte Dalai Lama reformierte die laxe Vergabepraxis und hob das Niveau der Ausbildung und die Prüfungsanforderungen wieder stark an. Tendzin Gyatsos nervliche Anspannung, sein Hinundhergerissensein zwischen Politik und Prüfungen muss enorm gewesen sein, schließlich hatte er schon im letzten Jahr während dreier Monate Vorprüfungen absolvieren müssen. Nun, nach dem tibetischen Neujahrsfest, sollte die letzte große Prüfung stattfinden. Noch am Vorabend der Abschlussprüfung besuchten ihn unangemeldet zwei niedrigrangige chinesische Offiziere: Er sollte einen Zeitpunkt angeben, an dem er an einer Theateraufführung im chinesischen Truppenlager teilnehmen könnte. Die Einladung weckte sein Misstrauen; er verschob die Antwort bis nach den Prüfungen, in denen er sich auszeichnete. Mit den höchsten akademischen Weihen kehrte er nun am 5. März 1959 in einer prachtvollen Prozession in seiner gelb verhangenen Sänfte vom Jokhang-Tempel in den Norbulingka zurück. Diese feierliche Heimkehr beendete eine Ära: Es war der letzte Prunkzug eines Dalai Lamas im alten Tibet.

Wie schon 1951 schien sich das Rad der Zeit schneller zu drehen: *Ich habe es noch deutlich vor Augen. [...] Es war etwa zehn Uhr vormittags. Der Himmel war ungewöhnlich blau, und die Sonne schien sehr hell. Ich weiß noch, dass ich ganz langsam zu Herrn Phala [dem Kanzler] sagte, dass dieser Tag, dieser 10. März, vielleicht ein Markstein der tibetischen Geschichte werden würde.*[152] An diesem Tag begannen in Lhasa Massendemonstrationen, an denen Tausende von Tibetern teilnahmen. Vor seinem Sommerpalast hatten an die fünfzehntausend Tibeter Stellung bezogen; sie wollten verhindern, dass ihr geliebtes Oberhaupt wie verlangt allein und ohne bewaffnete Eskorte die Einladung zu der bereits erwähnten Theaterveranstaltung im Militärlager wahrnahm, der er gezwungenermaßen zugesagt hatte. Man fürchtete eine Falle, in die der Dalai Lama unter diesem fadenscheinigen Vorwand gelockt werden sollte, um entweder entführt oder gar ermordet zu werden.

Es brodelte in Lhasa, und in den nächsten Tagen wurden die Chinesen von Menschenmassen lautstark aufgefordert, Tibet zu verlassen. Tibetische Regierungsbeamte verlasen Erklärungen, dass das «Siebzehn-Punkte-Abkommen» abgelehnt werde und Tibet vollkommen unabhängig sei. In Sichtweite des Norbulingka marschierte am 15. März eine Einheit chinesischer Soldaten auf. Währenddessen

BRIEF DES DALAI LAMAS AN GENERAL DAN GVASAN, 11. MÄRZ 1959
Lieber Kamerad, Politkommissar Tan, ich hatte beschlossen, gestern zum Kommandobereich des Militärlagers zu kommen, um die Theateraufführung anzusehen, aber ich war dazu nicht in der Lage, wegen einer Blockade durch Menschen, […] die von einigen wenigen bösen Elementen aufgestachelt worden waren und die Fakten nicht kannten. Dies hat mich in einen Zustand unbeschreiblicher Scham gebracht. […] Reaktionäre, böse Elemente unternehmen Aktivitäten, die mich gefährden, unter dem Vorwand, meine Sicherheit zu beschützen. Ich unternehme Maßnahmen, um die Lage zu beruhigen. In einigen Tagen, wenn die Situation wieder stabil ist, werde ich Sie bestimmt treffen.

tauschte der Dalai Lama höfliche Hinhaltenoten mit dem chinesischen General Dan Guansan aus, den er – natürlich nur wegen Volkes Willen – leider nicht besuchen konnte.

Am 16. März erhielt der neue Doktor der Metaphysik nicht nur Post von General Dan, sondern auch einen Brief von Ngabö, der vielen in Tibet als eifrigster aller Kollaborateure galt, selbst aber stets überzeugt schien, sein Heimatland durch seine Zusammenarbeit mit den Chinesen auf Dauer vor noch größeren Übeln zu bewahren. Er schrieb: «Wenn Euer Heiligkeit mit ein paar zuverlässigen Offizieren der Leibwache innerhalb der inneren Mauer [des Norbulingka] bleiben und sich dort halten können und wenn Sie dann General Tang Kuan-sen genau mitteilen, welches Gebäude Sie besetzt halten, werden die Chinesen sicherlich darauf achten, daß dieses Gebäude nicht beschädigt wird.»[153] Damit war offensichtlich, dass der General ernstlich plante, den menschlichen Schutzwall wie den Palast dahinter unter Beschuss zu nehmen. Der Dalai Lama schwebte unmittelbar in Gefahr: *Ich kenne keine Furcht vor dem Tod. Ich hatte auch keine Angst, ein Opfer des chinesischen Angriffs zu werden. Ich glaube ehrlich daran, daß meine strenge religiöse Erziehung mir genug Stärke verliehen hat, furchtlos dem Augenblick entgegenzusehen, in dem ich meinen gegenwärtigen Körper verlassen muß. Ich war mir tief bewußt, und ich bin es noch immer, daß ich nur ein sterbliches Wesen bin [...]. Aber ich wußte auch, daß mein Volk und meine Beamten diese Auffassung nicht zu teilen vermochten. Für sie war die Person des Dalai Lama ihr höchstes Gut.*[154] Und weil er seinem Volk weit mehr als ein Mensch, weil er Tibet selbst war, durfte er nicht sterben. Am Nachmittag des 17. März, etwa gegen sechzehn Uhr, schlugen zwei chinesische Mörsergranaten in den Parkanlagen des Sommerpalastes ein. Noch in derselben Nacht flohen der Dalai Lama, seine Familie und die meisten seiner Minister in Richtung Indien. (Ngabö blieb als einer der wenigen hohen tibetischen Würdenträger zurück und trat eine lange und erfolgreiche politische Laufbahn in der KPCh an.)

Die Entscheidung, die Mönchsrobe gegen eine Armeeuniform zu tauschen und sich im Schutz der Nacht in Sicherheit zu bringen, fiel Tendzin Gyatso unendlich schwer. Doch geschah dies nicht aus Feigheit: Zu fliehen war nicht sein persönlicher Wunsch, es war die Anweisung des hinzugezogenen Staatsorakels aus dem Kloster Nechung und die Erkenntnis, dass er nur lebendig seinem Volk würde Hoffnung geben können. Und dieses Volk wollte ihn um jeden Preis in Sicherheit wissen. *Ich glaube nicht, dass ich in Lhasa am Leben geblieben wäre. Die Chinesen hätten mich für entbehrlich gehalten. Doch selbst wenn sie mich hätten leben lassen, Tibet wäre am Ende gewesen*[155], lautet seine Einschätzung. Wie lange diese Flucht und das sich anschließende Exil dauern würden, war noch nicht abzusehen. Tendzin Gyatsos Entkommen blieb drei Tage lang unentdeckt. Währenddessen begann die chinesische Volksbefreiungsarmee mit Granatwerfern die Umgebungsmauern des Sommerpalastes zu beschießen, bis die im Palast ausharrenden Mönche sich ergaben. Norbulingka und Potala blieben unversehrt, aber die Stadt wurde weiterhin unter Beschuss genommen. Tausende Tibeter wurden im Lauf dieses Aufstands eingekerkert und – allein chinesischen Quellen zufolge – mindestens 87 000 getötet.[156] Erst Monate später gewann die Volksbefreiungsarmee wieder die Kontrolle über Südtibet zurück, aber noch eineinhalb Jahrzehnte sollte es dauern, bis der tibetische Widerstand erlahmte und schließlich in Bedeutungslosigkeit versank.

Gleiches mit Gleichem vergeltend, widerrief nach dem Dalai Lama auch China das «Siebzehn-Punkte-Abkommen», konfiszierte die Staats- und Klostergüter, schuf neue kommunistische Regierungsstrukturen. Am 28. März 1959 löste Premierminister Zhou Enlai die tibetische Regierung offiziell auf. Der Dalai Lama reagierte prompt und ernannte noch unterwegs im Fort Lhuntse Dzong eine Übergangsregierung.

Beide Parteien hatten verloren. Tibets Machtelite war es nicht gelungen, die Chinesen zu vertreiben oder eine Nische innerhalb des chinesischen Machtbereichs zu schaffen, die dem Land langfristig weitgehende Autonomie sicherte. Die Chinesen ihrerseits verspielten mit der radikalen Zerstörung der alten tibetischen Gesellschaft die Möglichkeit, die Tibeter tatsächlich dafür zu gewinnen, ein Teil des sozialistischen Chinas zu werden.

Die Überreste des tibetischen Staatsapparats, der Dalai Lama und seine kleine Gefolgschaft, zogen derweil unter dem Schutz von Khampa-Partisanen der Chushi-Gangdruk-Bewegung über die Berge, durch Schneestürme, dann Sandstürme, dann wieder durch strömenden Regen gen Indien. Die Strapazen der Reise waren groß, Kundün wurde krank, fieberte, konnte sich nicht mehr allein auf seinem Pferd halten. Man legte ihn auf den breiten Rücken eines zotteligen Dzomos, das ihn bis zur indischen Grenze trug. *Das Überschreiten der Grenze hatte nichts Dramatisches an sich. Das Land war auf beiden Seiten der Grenze gleichermaßen öde und unbewohnt. Ich sah es nur durch einen Nebel, denn ich war krank, erschöpft und unglücklich – viel unglücklicher, als ich es zu sagen vermag.*[157]

«Hunderte und Tausende Berggipfel sind zu sehen. Da die Berggipfel meiner Heimat nicht zu sehen sind, sind entweder die Berggipfel zu hoch, oder meine Heimat ist zu weit entfernt», lautet ein tibetisches Nomadenlied.[158] Ob die Flüchtlinge auf ihrem Weg über den Himalaja ahnten, dass sie nicht zurückkehren sollten, sondern Indien ihre neue Heimat werden würde?

Mit einem Gefolge von etwa neunzig Personen, darunter seine Mutter und die Geschwister Tsering Dölma und Tendzin Chögyal, zwei seiner Lehrer, der Oberste Kammerherr, der Zeremonienmeister, der Bekleidungsmeister und der Teemeister, hatte der Dalai Lama am 31. März den Grenzposten Chutamghu in der gesperrten nordöstlichen Grenzregion Assams passiert. Fünf Tagesreisen später erreichte er das größte buddhistische Kloster Indiens in Tawang. Schon nach kurzer Ruhepause ging es noch einige Tage weiter, über bis zu fünftausend Meter hohe gefährliche Gebirgspässe, dann über vergleichsweise leichte Dreitausender aus dem unzugänglichen Sperrgebiet heraus und hinab nach Tezpur. Tausende, Inder wie Tibeter, erwarteten dort den erschöpften Flüchtling. Unter ihnen waren auch sein Bruder Gyalo Dhöndup, sein ehemaliger Premier Lukhangwa, der bereits 1956 geflohen war, und Heinrich Harrer. Der 18. April 1959, ein sonniger, heißer Samstag, war damit der letzte Tag seiner Flucht und der erste Tag seines Lebens im Exil. Hier in der Gartenstadt Assams hieß ihn der von Nehru gesandte Vertreter der indischen Regierung P. N. Menon erstmals auch offiziell in Indien willkommen. Hier erwarteten ihn neugierig an die hundert Korrespondenten der internationalen Presse. Und hier ließ er seine erste Erklärung zur Flucht verlesen, die in der dritten Person verfasst und von Dankesbekundungen an Indien durchsetzt ist. Sie trägt deutlich die Handschrift seiner Gastgeber. In zurückhaltenden Worten skizziert sie die Hauptereignisse in Tibets jüngster Vergangenheit, die zur Flucht führten, sowie (die indischen) Pläne für die nähere Zukunft: *Der Dalai Lama wird nun nach Mussoorie weiterreisen, das er innerhalb der nächsten Tage zu erreichen hofft. Der Dalai Lama will über seine künftigen Pläne nachdenken und sie bekannt geben, sobald er Gelegenheit hatte, sich auszuruhen und über die früheren Ereignisse nachzudenken.*[159] Immerhin erfuhr die Weltöffentlichkeit aus dieser Rede zum ersten Mal, dass das «Siebzehn-Punkte-Abkommen» unter Druck unterzeichnet worden war und die tibetische Regierung danach keine Handlungsfreiheit mehr besaß. Weitere Kontakte zur Presse wurden jedoch von Indien strikt unterbunden. Schon am Nachmittag desselben Tags bestieg der gerade erst angekommene Asylant Tendzin Gyatso einen Sonderzug Richtung Mussoorie, das die indische Regierung als vorläufiges Quartier ihres prominenten Schützlings ausgewählt hatte. Dort sollte er das kommende Jahr verbringen. Fast zeitgleich berichtete Zhou Enlai dem Nationalen Volkskongress in Beijing Erstaunliches: «Obwohl der Dalai Lama nach Indien entführt wurde, hoffen wir immer noch, daß er in der Lage sein wird, sich aus der Hand der Rebellen zu befreien und zum Mutterland heimzukehren.»[160]

Die entführte «Geisel» reiste derweil weitere drei Tage Richtung Westen. An den Gleisen und Bahnhöfen versammelten sich immer wieder Zehntausende Inder, die dem Dalai Lama ein langes Leben wünschten: «Dalai Lama Zindabad!» *An manchen Stellen mußten sogar die Schienen von der jubelnden Menge geräumt werden.*[161] Nach über 2000 Kilometern und nach über einem Monat, seit die Elite

Tibets Lhasa verlassen hatte, fand die Flucht im Birla House in der ehemaligen britischen «Hill Station» Mussoorie ein Ende. Birla House war eine Idylle: ein zweistöckiges englisches Landhaus mit Blumen im Garten, weit unten in der Ebene glitzerte der Ganges, und im Hintergrund schimmerten schneebedeckte Gipfel. Störend waren allein der meterhohe Stacheldrahtzaun, der das Anwesen umgab, und die indische Sicherheitspolizei, die die nächsten zwei Monate alle Besucher, selbst Heinrich Harrer, geschickt von direktem, unkontrolliertem Zugang zu dem heiklen Hausgast fern hielt. Abgewiesene Journalisten wie Rhona Churchill von der «Daily Mail» sprachen daher sogar von «Konzentrationslager» und von dem nun ebenfalls in Birla House wohnenden P. N. Menon als «Lagerkommandant» und «Polizeihund».[162]

Für den beständig auf China schielenden Premier Nehru war die Ankunft seines neuen Schützlings keine reine Freude. Er war eifrig bemüht, seine Gastfreundschaft als Folge eines uralten spirituellen und kulturellen Bandes und jede Hilfe für die Tibeter als rein humanitär darzustellen. Keinesfalls wollte er den Eindruck erwecken, er habe hier politisches Asyl gewährt. Schließlich hätte China ihm dies als Verletzung des «Pancha-Shila-Abkommens» von 1954, nämlich als Einmischung in innerstaatliche Belange, auslegen können. Für den Dalai Lama als Staatsoberhaupt im Exil hatte dies zur Folge, dass er sich politischer Betätigung enthalten musste, wollte er nicht die Gunst seines Gastgebers verlieren. Sicher schwappte durch Indien eine Welle der Sympathie mit den Tibetern, doch bemühte sich Nehru nach Kräften, daraus einen Sturm im Wasserglas zu machen, von dem die Weltöffentlichkeit allerhöchstens schwache Ausläufer spüren sollte. Die Abschottungspolitik wurde freundlich verpackt: Nehru besuchte den Dalai Lama schon in den ersten Tagen in Mussoorie und riet ihm mit väterlicher Strenge, sich ausgiebig auszuruhen und nachzudenken – und machte zugleich unmissverständlich klar, dass Indien die Exilregierung Tibets niemals anerkennen würde. Tatsächlich hat bis heute keine Regierung der Welt die Exilregierung des Dalai Lamas offiziell anerkannt. Aber dieser weiß zumindest seine Landsleute hinter sich: *Wo ich auch bin, begleitet von meiner Regierung, erkennt uns das [tibetische] Volk als Regierung von Tibet an.*[163]

Ruhe hätte der Dalai Lama nach der strapaziösen Flucht tatsächlich verdient, doch verlangte die indische Öffentlichkeit über Religionsgrenzen hinweg dringend nach dem Segen dieses neuen Heiligen auf indischem Boden und pilgerte in Scharen die steile Straße bergan zum Birla House. Jede Woche musste die Manifestation Chenrezigs von einer wackeligen Holzbühne im Garten aus «Darshan» gewähren, sich also den Tausenden spiritueller Touristen zeigen, die sich dann allein durch seinen Anblick gesegnet wussten. Sie überschütteten ihn mit Rosenblättern und schrien, auch nachdem er sich ins Haus zurückgezogen hatte, so frenetisch «Darshan, Darshan», dass er sich oft noch mehrmals zumindest auf seinem Balkon präsentieren musste.

Seine Minister waren längst außer sich ob der vielen indischen Hände, die den «Kostbaren Sieger» zu berühren suchten, aber dieser selbst ergriff sie glücklich. Unvorstellbarer Protokollbruch in Tibet, aber für den Dalai Lama ein erster Schritt zu mehr Menschennähe. *In der Vergangenheit gab es zu viele Formalitäten, man konnte nicht sprechen, nicht einmal frei atmen*, kommentiert das Objekt der Begierde selbst die neue Freiheit. *Ich hasse es, formal zu sein. Die neuen Umstände machten es für mich leichter, Dinge zu ändern. So gesehen war es tatsächlich nützlich, ein Flüchtling zu werden. Es brachte mich näher an die Wirklichkeit. Und es vertiefte auch mein religiöses Verständnis, besonders der Vergänglichkeit. Obwohl die Welt sich ständig wandelt, bemerkt man es nie. Dann plötzlich sind dein Heim, deine Freunde, dein Land alle verschwunden. Das zeigt, wie vergeblich es ist, an solchen Dingen zu hängen.*[164]

Nach zwei Monaten endete die angeblich selbst auferlegte

Schweigeperiode des prominenten Flüchtlings. Nehru muss wohl auf zweierlei gehofft haben: zum einen, dass seine Abschottung des Dalai Lamas von der Presse dafür sorgen würde, dass die Nachrichtenebbe nach der «Jahrhundertflucht» die meisten internationalen Korrespondenten wieder abreisen ließe. Zum anderen, dass die Zeitverzögerung zwischen Flucht und offenem Appell an die Weltöffentlichkeit dafür sorgen könnte, dem Geschehen etwas von seiner Dringlichkeit zu nehmen. Erst als am 20. Oktober 1962 China das von Nehru so aufmerksam gehütete «Pancha-Shila-Abkommen» verletzt, als plötzlich chinesische Truppen über den Himalaja auf indisches Territorium vordringen und sowohl Teile Ladakhs im Nordwesten als auch gesperrte Gebiete im Nordosten besetzen, wird Nehru aufwachen und den Kurs seiner Außenpolitik in den ihm verbleibenden beiden Lebensjahren korrigieren.

Nachdem er sich auf Nehrus Wunsch genügend ausgeruht und nachgedacht hatte, gab der Dalai Lama auf einer Pressekonferenz am 20. Juni 1959 eine sehr offene eigene Erklärung ab, in der er deutlichere Worte findet als in der ersten Stellungnahme in Tezpur: *Fast täglich hörte ich mit beklommenem Herzen von dem zunehmenden Todeskampf und von dem Kummer, von den Quälereien und Verfolgungen, von Deportation und Hinrichtung unschuldiger Menschen [in Tibet]. Diese Nachrichten haben mich nachdrücklich belehrt, daß die Zeit sichtbar herangerückt ist, da ich im Interesse meines Volkes und meiner Religion, und um sie vor der Gefahr der Vernichtung zu retten, mein Schweigen brechen und der Welt offen die Wahrheit über Tibet sagen muß. Ich muß einen Appell an das Gewissen aller friedliebenden und zivilisierten Nationen richten. [...] Ich möchte hier klarmachen, daß ich diese Erklärungen gegen die chinesischen Beamten in Tibet in voller Kenntnis ihrer Bedeutung ausspreche, weil ich weiß, daß sie wahr sind. Vielleicht besitzt die Regierung in Peking nicht die volle Kenntnis der Tatsachen dieser*

Situation. Ohne Namen zu nennen, finden sich hier auch kleine Spitzen gegen Nehru, der noch 1956 alle Erklärungen des Dalai Lamas über die Bedrohlichkeit der Situation abgewiegelt, ihm Asyl verweigert und ihn zur Rückkehr nach Tibet gedrängt hatte: *Ich sehe mich gezwungen, hinzuzufügen, daß ich mir vor meinem Besuch in Indien 1956 schon in zunehmendem Maß darüber klar wurde, daß meine Politik der Freundschaft und Toleranz versagt hatte und keinerlei Eindruck auf die Vertreter der chinesischen Regierung in Tibet machte.*[165]

In dieser Rede verdeutlicht er auch, dass er sich der Rückständigkeit seines Landes sehr wohl bewusst ist und weiß, dass Reformen dringend notwendig und unumgänglich sind. Doch müssen diese Ergebnis einer eigenständigen Entscheidung der Tibeter sein: *Ich lege Nachdruck auf die Feststellung, daß wir, die wir fest an den Buddhismus glauben, jeden Wechsel und jeden Fortschritt begrüßen, der mit dem Geist unseres Volkes und der reichen Überlieferung unseres Landes im Einklang steht. Doch das tibetanische Volk widersetzt sich hartnäckig, wenn es im Namen einer Reform zum Schlachtopfer gemacht, geplündert und geistlich geschändet wird, kurz, jener Politik, die neuerdings von den Vertretern der chinesischen Regierung in Lhasa mit Nachdruck betrieben wird.*[166]

Um ihre Position vor den Vereinten Nationen und gegenüber China zu stärken, von dem man sicher war, es würde in der Öffentlichkeit stets behaupten, Tibet sei schon immer ein Teil Chinas gewesen, ließ die tibetische Exilregierung ein juristisches Gutachten anfertigen. Zwar gab es zu diesem Zeitpunkt keinen einzigen tibetischen Juristen, aber mit finanzieller Unterstützung durch die USA konnte man eine den Vereinten Nationen assoziierte Nichtregierungsorganisation mit der schwierigen Aufgabe betrauen. Bereits im Sommer 1959 nahm die «International Commission of Jurists» ihre Arbeit auf. Ein Jahr später kam sie in ihrem Abschlussbericht zu dem Ergebnis, Tibet sei trotz der Unklarheit

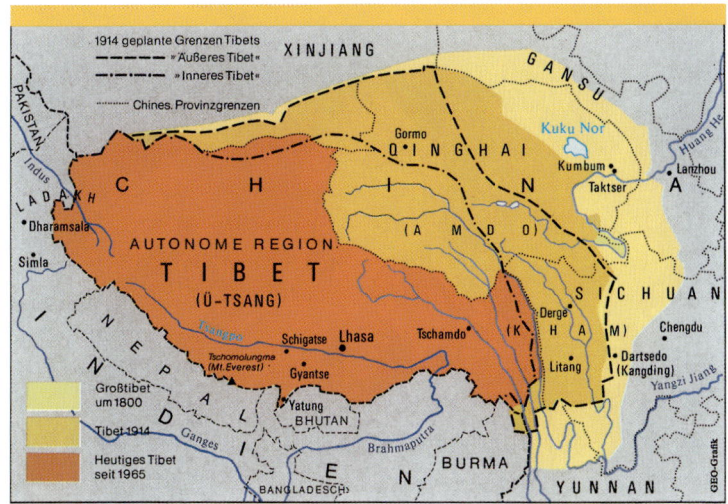

Tibet

Der Potala. Seit der Zeit des fünften bis zur Flucht des vierzehnten Dalai Lamas im Jahr 1959 Sitz der Dalai Lamas.

Der fünfte Dalai Lama Lobsang Gyatso. Wandmalerei im Potala.

Der dreizehnte Dalai Lama Thubten Gyatso. Fotografiert um 1910.

Der mitfühlende Bodhisattva Chenrezig ist der Schutzpatron und mythische Stammvater Tibets. Zugleich gelten die Dalai Lamas als Manifestation Chenrezigs auf Erden.

Der vierjährige Dalai Lama am Tag seiner Inthronisation, Lhasa, 22. Februar 1940.

Die Eltern des Dalai Lamas waren Bauern aus der Provinz Amdo. Hier mit seinen Geschwistern Gyalo Dhöndup und Jetsun Pema. Lhasa, Februar 1940.

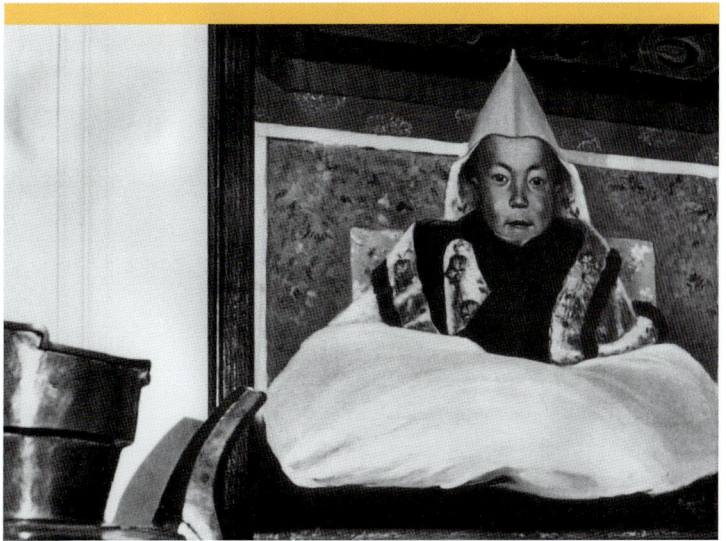

Der junge Dalai Lama auf einem seiner Throne.
Undatierte Fotografie.

Auf diesem 1950 von dem österreichischen Bergsteiger
Heinrich Harrer aufgenommenen Bild präsentiert der Dalai
Lama eine buddhistische Reliquie.

Auf Einladung Chinas bereisen der Dalai Lama (2. v. links) und der Panchen Lama das Reich der Mitte und werden bei ihrer Ankunft am Bahnhof von Beijing im September 1954 von Zhou Enlai (rechts) empfangen. Drei Jahre zuvor war die Rote Armee in Tibet einmarschiert und hatte das Land besetzt.

Der Dalai Lama predigt vor Mönchen und Laien im Lamatempel von Beijing, 5. Oktober 1954.

Ende 1956 besucht der Dalai Lama mit dem hinter ihm reitenden Panchen Lama Indien und seine buddhistischen Heiligtümer.

Während seiner Indienreise trifft der Dalai Lama mehrfach Nehru. Auch Zhou Enlai weilt zu dieser Zeit in Indien. Eine erste Bitte des Dalai Lamas um Asyl weist Nehru ab.

Als Soldat verkleidet flieht der Dalai Lama (3. v. rechts) im März 1959 über den Himalaja ins Exil nach Indien.

Das Ende der Flucht: Ankunft im indischen Tezpur am 18. April 1959.

Auch die Mutter (2. v. rechts) und eine Schwester des Dalai Lamas waren bei der strapaziösen Flucht dabei. Hier nach der Ankunft in Tezpur.

Der Norbulingka im Herbst 2003. Im Inneren wurde der Sommerpalast seit der Flucht des Dalai Lamas kaum verändert und steht heute Besuchern offen.

Nehru und der Dalai Lama in Mussoorie im April 1959. Der Dalai Lama verbringt hier sein erstes Jahr des Exils, bevor er sich dauerhaft in Dharamsala niederlässt.

Der Dalai Lama im tibetisch- buddhistischen Kloster Rikon in der Schweiz, 1993. In der Schweiz lebt die größte Gruppe tibetischer Flüchtlinge außerhalb Asiens.

Zum tibetischen Neujahr trägt der Dalai Lama eine traditionelle Kopfbedeckung, derentwegen seine Tradition zuweilen auch «Gelbmützen-Schule» genannt wird.

Der Dalai Lama mit dem Physiker Carl Friedrich von Weizsäcker bei einem wissenschaftlichen Kongress, 1986.

1989 wird dem Dalai Lama der Friedensnobelpreis verliehen.

Der Dalai Lama bei der Eröffnung einer internationalen Tibetkonferenz in Bonn, Juni 1996.

Der Dalai Lama zu Besuch bei Papst Johannes Paul II. im Vatikan, Oktober 1999.

Für tibetische Mönche ist ein Treffen mit Seiner Heiligkeit dem Dalai Lama ein großes Ereignis, Oktober 1999.

Publikumsmagnet Dalai Lama: Etwa 40 000 Menschen kommen im Jahr 2000 in Washington zusammen, um seine Lehre zu hören.

Der Dalai Lama mit Bundesaußenminister Joschka Fischer, Berlin, Mai 2003.

Der Dalai Lama beim Kirchentag in Berlin, Mai 2003.

Aus buntem Sand streut der Dalai Lama mit anderen Mönchen ein Kalachakramandala.

über seinen genauen rechtlichen Status ein de facto souveräner und von China unabhängiger Staat gewesen.[167] Einer Auflistung schwerster Menschenrechtsverletzungen durch China folgte der Schuldspruch, China habe sich des Völkermords an den Tibetern schuldig gemacht: *Man hat sie zu Tode geprügelt, gekreuzigt, lebend verbrannt, ertränkt, bei lebendigem Leibe zerfetzt, hat sie verhungern lassen, hat sie erdrosselt, gehängt, verbrüht, lebend begraben, enthauptet oder ihnen den Bauch aufgeschlitzt.*[168] Gestützt auf dieses Gutachten, wandte sich die tibetische Exilregierung erneut an die Vereinten Nationen, da China in einer ersten Resolution von 1959 nicht explizit verurteilt worden war. Der Dalai Lama

schrieb persönlich an den Generalsekretär der Vereinten Nationen, Dag Hammarskjöld, und brachte mit Hilfe Thailands, des Malaiischen Staatenbundes, Irlands und El Salvadors eine neue Resolution ein. Auch sie wird 1961, genauso wie eine weitere 1965, angenommen, Letztere auf Weisung des Nehru-Nachfolgers Lal Bahadur Shastri erstmals auch mit der Stimme Indiens. Beide Resolutionen sind im Tonfall schärfer und betonen Tibets Anspruch auf Unabhängigkeit. Tatkräftige Unterstützung durch die internationale Staatengemeinschaft folgte daraus jedoch nicht. Als Ende der 1960er zudem deutlich wird, dass der amerikanische Präsident Richard Nixon und sein Nationaler Sicherheitsberater Henry Kissinger eine allmähliche Annäherung an China anstreben, erscheint ihre ohnehin geringe und hauptsächlich verdeckt geleistete Unterstützung für die Exiltibeter den USA nicht mehr opportun. Dies lässt die Exilanten in einer schwächeren Position zurück als direkt nach Veröffentlichung des Berichts der «International Commission of Jurists» und der aus ihr resultierenden amerikanischen Empörung über die chinesischen Gräueltaten.

Im Alltag der tibetischen Regierung in ihrem indischen Exil war jedoch zunächst nicht die tibetische Unabhängigkeit das dringendste Problem, sondern der Umgang mit Flüchtlingen und Finanzen. Bis Ende Juni 1959 waren schon 20 000 Tibeter nach Indien geflohen, insgesamt verließen in diesem Exodus über 100 000 Menschen ihre tibetische Heimat. Die meisten gelangten zuerst in die Durchgangslager Missamari in der Nähe Tezpurs oder Buxa Duar, ein ehemaliges Kriegsgefangenenlager der Briten an der bhutanesischen Grenze in Bengalen. Allein in Missamari teilten sich zeitweise 12 000 Flüchtlinge 300 Bambushütten. Die ungewohnte Hitze setzte ihnen zu, viele waren krank und verwundet. Nehru und der Dalai Lama vereinbarten daher eine Regelung, von der sie hofften, damit zwei Probleme auf einen Schlag lösen zu können: Die Flüchtlinge sollten im Straßenbau in den Bergen Nordindiens eingesetzt werden. Auf diese Weise müsste Indien, selbst Entwicklungsland, nicht für den Unterhalt aller Flüchtlinge aufkommen, andererseits würden sich diese in einem für sie günstigeren Klima aufhalten. Auch Programme internationaler Hilfsorganisationen liefen bald an, die sich vorrangig auf Ausbildung und medizinische Versorgung der Asylanten konzentrierten. Indien stellte zudem über 1200 Hektar Land im Süden des Subkontinents zur Verfügung, wo sich eine Exilgemeinde niederlassen sollte. Ob der Straßenbau die beste Lösung war, schien dem Dalai Lama nach einer ersten Inspektionsreise jedoch fraglich: *Als ich sie sah, brach es mir fast das Herz. Kinder, Frauen und Männer arbeiteten Seite an Seite in Kolonnen; ehemalige Nonnen, Bauern, Mönche, Beamte, alle waren durcheinandergewürfelt.* Und obwohl es tatsächlich ein wenig kühler war als in den Durchgangslagern, *forderten die Hitze und die Feuchtigkeit doch einen erschreckend hohen Tribut.*[169]

Auch die Finanzen waren ein Dauerproblem. Die von der Exilregierung eingeführte «Freiheitssteuer» von zwei indischen Rupien pro Monat oder von zwei Prozent des Einkommens bei den wenigen Tibetern mit festem Verdienst waren ein eher symbolischer Beitrag, verglichen mit den tatsächlich anfallenden Kosten. Der Dalai Lama selbst erhielt von der indischen Regierung eine Apanage, besser gesagt ein Taschengeld in Höhe von zwanzig Rupien pro Tag.

Aber was war an den Gerüchten um einen geretteten unermesslichen Gold- und Silberschatz des Dalai Lamas? Den hatte es tatsächlich gegeben. Teile dieses von seinen Vorgängern ererbten persönlichen Schatzes Tendzin Gyatsos waren vorsichtshalber bereits während der ersten vorläufigen Flucht der Regierung im Winter 1950 auf tausend Packpferden außer Landes geschafft worden. Versteckt in einem verlassenen Stall in Sikkim und nur bewacht von einem einzigen Mann, hatte er neun Jahre auf seinen Besitzer gewartet. Eine Lastwagenkolonne schaffte das wertvolle Gut 1960 nach Kalkutta in eine Bank. Nehrus Vorschlag, die Kostbarkeiten der indischen Regierung zu verkaufen, verwarfen die Exilanten in der Hoffnung, auf dem freien Markt mehr Gewinn zu erzielen, und schalteten dazu einen Bruder des Dalai Lamas, Gyalo Dhöndup, ein. Immerhin war dieser geschäftserfahren, mehrsprachig, hatte (anfangs unter den Fittichen Chiang Kai-sheks) in China studiert und lebte seit Jahren im Ausland: Tibets Mann von Welt. Etwa acht Millionen Dollar brachte der Verkauf zunächst auch tatsächlich ein. *Es dauerte aber nicht lange, bis jeder*

der Versuche scheiterte, unser kostbares Kapital gewinnbringend einzusetzen.[170] Über sieben Millionen Dollar zerrannen dem glücklosen Gyalo Dhöndup und seinen dubiosen Beratern zwischen den Fingern und versickerten in Börsenspekulationen, Stahlrohr- und Papierfirmen. Mit dem kümmerlichen Rest rief Tendzin Gyatso 1964 die «Karitative Stiftung Seiner Heiligkeit des Dalai Lama» ins Leben. Der Staatsrat Kashag sollte Gyalo Dhöndup noch lange grollen, nicht nur wegen des verspielten Vermögens, sondern auch weil man unterstellte, die zeitweise von ihm koordinierte Widerstandsgruppe «Chushi Gangdrug» habe sich Geld angeeignet, das die amerikanische CIA 1958 mit einem Fallschirm über Tibet abgeworfen hatte und das dabei angeblich verloren gegangen war.

Im Gegensatz zu seinem Gewaltlosigkeit predigenden, weltunerfahrenen Bruder war der oft aufbrausende Gyalo Dhöndup ein kosmopolitischer Koordinator des gewaltsamen Widerstands mit besten Kontakten zur amerikanischen CIA und zum indischen Geheimdienst. Und er war wohl auch besser informiert als der eigentliche Chef der Tibeter: *Mehr als einmal habe ich versucht, von Gyalo Thöndup und anderen Einzelheiten über diese Operationen zu erfahren, aber ich habe nie die ganzen Hintergründe herausfinden können.*[171] Ohne ein politisches Amt zu bekleiden, war Gyalo Dhöndup de facto eine der wichtigsten Führungsfiguren in den ersten zehn Jahren des Exils. Doch mit dem Ende der CIA-Unterstützung für den tibetischen Widerstand und zudem in seiner Position geschwächt durch Querelen zwischen verschiedenen Parteien innerhalb der Exilgemeinde, zog Gyalo Dhöndup Ende der 1960er entnervt mit seiner chinesischen Frau nach Hongkong.

Während der 1960er Jahre hatte die CIA in einem Sonderprogramm jährlich rund 1,7 Millionen Dollar bereitgestellt, um exiltibetische Operationen gegen China zu unterstützen, inklusive jährlicher Zahlungen von 180 000 Dollar an den Dalai Lama. Diese waren Teil einer Strategie in den frühen Jahren des Kalten Kriegs, mit der kommunistische Länder (insbesondere China und die UdSSR) geschwächt werden sollten. Das CIA-Programm für Tibet umfasste mehrere Komponenten: Zum einen wurden etwa 2000 tibetische Widerstandskämpfer unterstützt, die von Nepal aus operierten und zum Teil auf einem geheimen militärischen Übungsplatz in Colorado ausgebildet wurden. Zum anderen unterstützte man die Einrichtung des «Tibet House» in New York und in Genf, um die tibetische Sache publik zu machen und das politische Konzept eines autonomen freien Tibets am Leben zu erhalten. Dass es dabei eher um antikommunistische Politik als um ein energisches Eingreifen zugunsten Tibets ging, ist angesichts der Halbherzigkeit der amerikanischen Maßnahmen eine nahe liegende Vermutung. In den frühen Siebzigern versiegte die Unterstützung durch die CIA und damit auch eine nicht unerhebliche Einnahmequelle, als die Nixon-Regierung diplomatische Beziehungen zu China aufnahm. Knapp zwanzig Jahre hatte das Engagement damit gewährt, denn bereits gegen Ende des Jahres 1955 waren die ersten Tibeter in Darjeeling und Kalimpong von der CIA rekrutiert und zur Ausbildung auf die Pazifikinsel Saipan geflogen worden, wo man ihnen den Umgang mit modernen Waffen, die Guerillakriegsführung, Fallschirmspringen und Kommunikationstechniken beibrachte. Die ersten Absolventen dieser Ausbildung sprangen 1957 mit dem Fallschirm über Tibet ab, zwei von ihnen erreichten Lhasa und begleiten den Dalai Lama auf seiner Flucht. Mit dem Aufstand vom März 1959 nahmen die Aktivitäten der CIA zeitweilig zu, und man ließ vermehrt Tibeter über Gebieten abspringen, in denen man Widerstand vermutete. In den 1960ern operierte man von Mustang (Nepal) aus, aber da das angrenzende tibetische Gebiet sehr dünn besiedelt und zudem strategisch unbedeutend ist, waren die Attacken der Guerillas den Chinesen sicher lästig, blieben aber letztlich wirkungslos.

Obwohl ich die Zielstrebigkeit der Guerillas immer bewundert habe, konnte ich ihre Aktivitäten nie gutheißen [172], eine Äußerung, die eine der Zwickmühlen zeigt, in die die Politik der Gewaltlosigkeit des Dalai Lamas geriet. *Es schien falsch, soviel Mut, Ergebenheit und Heimatliebe in Frage zu stellen.* [173] Dennoch forderte er die Guerillas in Mustang in einer persönlichen Tonbandnachricht auf, sich dem nepalesischen Militär zu ergeben, das wohl auf Druck Chinas den Befehl erhielt, die Angriffe vom Territorium Nepals aus zu unterbinden. Die Widerstandskämpfer reagierten entsetzt, sie fühlten sich von ihrem Oberhaupt verraten. Doch dem Dalai Lama gehorcht man. Die meisten legten ihre Waffen denn auch ohne Proteste nieder; einige wenige sollen aus Verzweiflung Selbstmord begangen haben.

Die letzte Guerillabasis in Mustang wurde 1974 aufgegeben. Zu dieser Zeit war sich die westliche Öffentlichkeit weder der Tibet-Problematik in besonderem Maß bewusst, noch ahnte sie, dass es so etwas wie tibetischen Widerstandskampf überhaupt gab. Auch die erste Auslandsreise des Dalai Lamas nach Japan und Thailand 1967 war im Westen nicht weiter auf Interesse gestoßen. Man könnte beinahe denken, es habe nach einer kurzen Artikelflut im Anschluss an die Flucht 1959 so etwas wie einen blinden Fleck in der Wahrnehmung der Weltpresse gegeben: Im ganzen folgenden Jahrzehnt lassen sich zum Beispiel die in Deutschland erschienenen Artikel und Meldungen über den Dalai Lama und Tibet an zwei Händen abzählen. Auch scheint die anhaltende chinesische Propaganda, Tibet sei immer ein Teil Chinas gewesen, Erfolg gehabt zu haben: So schrieb etwa auch der «Spiegel» 1972 anlässlich von Nixons historischem Besuch in der kommunistischen Volksrepublik, dass China sich als ein Staat präsentiere, der keine Besatzungstruppen in fremden Ländern unterhalte und sich noch keine Intervention außerhalb seiner Grenzen habe zuschulden kommen lassen. [174] In derselben Ausgabe kommt der Dalai Lama auf nicht

einmal zwanzig Zeilen vor: Er habe in Dharamsala eine Schule gegründet, in der er unter anderem auch rauschgiftabhängige Hip-
pies aus dem Westen unterweise.

STILLE NEUORDNUNG

In Dharamsala lebt der Dalai Lama seit 1960. Sicher auch, um ihn
ruhig zu stellen und China nicht weiter zu verärgern, vollzog man
im Jahr nach seiner Ankunft eine Art innerindischer Abschie-
bung. Die indische Regierung wies dem Oberhaupt der Tibeter
anstelle des nahe am indischen Regierungssitz Neu-Delhi gelegenen Mussoorie eine höchst abgelegene Heimstatt im Vorgebirge
des Himalaja im Bundesstaat Himachal Pradesh als dauerhaften
Wohnsitz zu. Der Dalai Lama machte sich auf die Reise, erst per
Zug, dann per Auto und sah *in der Ferne turmhoch die weißen
Berggipfel emporragen. Wir fuhren direkt auf sie zu und kamen dabei durch eine der schönsten Landschaften Indiens: üppig bewach-
sene, mit Bäumen bestandene, grüne Wiesen und überall die buntes-
ten Blumen.*[175] Vom Zentrum Dharamsalas ging es noch einmal
steil bergauf bis zum Dorf McLeod Ganj und noch ein Stück weiter bis zum im Wald gelegenen Swarg Ashram. Schon zwei Wochen nach seiner Ankunft öffnete das erste Heim für tibetische
Flüchtlingskinder seine Pforten unter der Leitung seiner Schwester Tsering Dölma. Aber dessen Aufnahmekapazität war begrenzt,
es platzte schnell aus allen Nähten. Hilfe kam von einem anderen kleinen Bergvolk: 200 tibetische Kinder wurden sofort von
Schweizer Familien adoptiert, ein Pestalozzi-Kinderdorf wurde
eingerichtet, und auch erwachsene Flüchtlinge durften als «Gast-
arbeiter» einreisen, sodass heute etwa 2000 Tibeter in der Schweiz
leben. Sie sind die größte tibetische Exilgruppe außerhalb des indischen Subkontinents.

Die ersten Jahre in der neuen Heimat scheinen für den Dalai Lama recht ruhig verlaufen zu sein. Er fand Zeit, zu meditieren, zu wandern, sogar Badminton zu spielen, schrieb sein erstes Buch über Theorie und Praxis des Buddhismus mit dem Titel «Blo gsar mig 'byed», zu Deutsch «Das Öffnen des Auges der neuen Achtsamkeit», mit der Hilfe des englischen Autors David Howarth auch eine erste Autobiographie. Er fand Zeit, seine Regierung zu organisieren: Unterhalb der Ministerebene des Kashag gibt es nun Abteilungen für Inneres, für Religiöse und Kulturelle Angelegenheiten, Erziehung, Finanzen, Sicherheit, Information, Gesundheit, Service Management sowie einen Rechnungshof. In Delhi, dann in New York, Genf, Kathmandu und Gangtok, später in Tokio und London eröffnete Büros fungieren als inoffizielle Botschaften. Schon 1960 fanden erste Wahlen zur neu geschaffenen «Kommission der Volksabgeordneten» statt, und am 10. März 1963 verkündete das tibetische Staatsoberhaupt im Exil einen demokratischen Verfassungsentwurf für Tibet. Dieser sieht sich zugleich buddhistischen und demokratischen Prinzipien verpflichtet und soll nach der Rückkehr in die Heimat in eine tatsächliche Verfassung umgewandelt werden. Vom Prinzip her ähnelt die Regierungsstruktur nun einer konstitutionellen Monarchie mit dem Dalai Lama und dem Kashag als Exekutivmacht, der Nationalversammlung als Legislative und einem unabhängigen höchsten Gericht als Judikative. Die neu institutionalisierte Volksabordnung fungiert als Parlament. Allerdings gibt es keine unabhängige Gesetzgebung, da man sich den jeweiligen Gastländern unterordnen muss. Auch war und ist der alte Adel Tibets – und mit ihnen auch die Yapshi-Familie des Dalai Lamas – recht einflussreich. Mitglieder des Kashag wurden bis 1990 vom Dalai Lama ernannt, nicht gewählt, sodass auch seine Geschwister Gyalo Dhöndhup (1991–1993) und als erste Frau Jetsun Pema (1990–1993) Ministerposten innehatten. Die Nachfolge für Jetsun Pema blieb mit Rinchen Khando, der Frau des Dalai-Lama-Bruders Tendzin Chögyal, ebenfalls in der Yapshi-Familie. Auch Tendzin Chögyal selbst war zeitweise in die Politik gegangen und saß fünf Jahre lang in der Nationalversammlung, bevor er sein Mandat zurückgab. Sein persönliches Fazit fällt ziemlich hart aus: «Da herrscht das reinste Chaos. Sie streiten über Kleinigkeiten, und die wichtigeren Themen ignorieren sie. Und unterm Strich tun sie gar nichts.»[176]

Mit der offiziellen Begründung, die Demokratisierung vorantreiben zu wollen, inoffiziell wohl aber auch wegen der Korruptionsvorwürfe gegen ehemalige Kashag-Mitglieder, werden diese seit 1990 von den Abgeordneten gewählt. Der Dalai Lama selbst verankerte im Verfassungsentwurf die theoretische Möglichkeit seiner Absetzung als Staatsoberhaupt und betonte zudem wiederholt, dass er nach der Heimkehr nach Tibet kein politisches Amt mehr bekleiden möchte. *Daß ich nicht mehr tibetisches Staatsoberhaupt sein werde, heißt nicht, daß ich meine moralische Verantwortung aufgebe*, erklärte er in den frühen 1990ern. *Der Grund, warum ich nicht mehr die Regierungsverantwortung tragen will, ist, daß ich jetzt Ende Fünfzig bin. Ich habe vielleicht noch zwanzig Jahre aktiven Lebens vor mir, dann bin ich zu alt.* Die Geburt des neuen politischen Systems nach der (erhofften) Rückkehr aus dem Exil will er noch begleiten helfen, dann muss die tibetische Demokratie auf eigenen Füßen stehen. *Ich glaube auch, es würde indirekt die gesunde demokratische Entwicklung stören, wenn ich weiterhin die Verantwortung trüge.*[177]

Zum Bekenntnis, freiwillig auf seine Macht zu verzichten, kann sich ein Herrscher nur bewogen fühlen, wenn ihn diese Macht im Grund nicht interessiert. Tatsächlich scheint der Dalai Lama eigentlich Politiker wider Willen zu sein, scheint sein Herz stärker an der Ausbildung der tibetischen Kinder im Exil, dem Erhalt des tibetischen Buddhismus und der Pflege der tibetischen Kultur zu hängen. Zu diesem Zweck ließ er die «National Library of Tibetan Works and Archives», das «Tibetan Medical Center and Hospital» und das «Tibetan Institute of Performing Arts» gründen. Seine politische Betätigung muss in der Hauptsache als Mittel betrachtet werden, das Fortleben des tibetischen Buddhismus zu sichern: *Wir sprechen sehr oft das Gebet: «Mögen die Lehren des Buddha sich verbreiten.» Wenn Tibet seine Freiheit wiedererlangen würde, trüge dies mit Sicherheit dazu bei, daß die tiefgründigen Lehren Buddhas – einschließlich des Kleinen und Großen Fahrzeugs und der Gesamtheit der Tantras – überdauern. Es besteht also ein eindeutiger Zusammenhang zwischen Tibets Freiheit und der Erhaltung der Lehre. Wäre dies anders, wäre die Freiheit Tibets lediglich eine politische Frage, sähe ich in meiner Eigenschaft als Mönch und Anhänger der buddhistischen Tradition keinen Grund, mich in diesem Maße darum zu kümmern und zu sorgen.*[178]

Tatsächlich wird die Weltöffentlichkeit nach seiner Flucht etwa zwanzig Jahre lang keine politischen Statements von ihm zu hören bekommen. Nur sechsmal besucht er in dieser Zeit das Ausland auf religiös motivierten Reisen in buddhistische Länder oder zu den Tibetern in der Schweiz. Eine erste Europareise 1973, bei der er auch Papst Paul VI. trifft, kann als private Sightseeing-Tour in Verbindung mit Dankesbesuchen bei Hilfsorganisationen betrachtet werden. Überhaupt ein Visum zu bekommen war (und ist zuweilen auch heute noch) für ihn schwer genug: Die für einen Besuch vorgesehenen Staaten reagierten jedenfalls äußerst zurückhaltend, schließlich wollte man China nicht brüskieren. Auch den Vatikan stürzte sein Besuchswunsch in Verlegenheit, hatte man doch gerade erst wieder Kontakt zur atheistischen Volksrepublik aufgenommen. Ein lediglich vierundzwanzig Stunden gültiges Visum sollte dann wohl auch zeigen, dass der Dalai Lama allerhöchstens auf Stippvisite den katholischen Pontifex besuchte. Die geringe Zahl seiner Reisen in dieser Zeit scheint also nicht nur auf ebenfalls existierende finanzielle Schwierigkeiten zurückzuführen zu sein, sondern mindestens in gleichem Maß auch auf politische Vorbehalte im Ausland. Wenn man Tendzin Gyatso die Einreise gestattete, dann unter der Prämisse, dass er sich als Tourist oder Buddhist auf Welttournee verhielt, nicht aber als Politiker und Staatsoberhaupt Tibets im Exil. Zwar hat er bereits vor dem Europäischen Parlament gesprochen, offizielle Staatsempfänge bleiben ihm jedoch bis heute verwehrt.

Erst seine siebte Auslands- und zugleich erste Amerikareise 1979 rief steigendes Interesse des Westens an ihm und dem Schicksal Tibets hervor, und in der Folge änderte sich der eher privat-religiöse Charakter seiner Reisen ein wenig, auch wenn er sich damals zu erklären beeilte, dass sein *Besuch hauptsächlich religiöser, erzieherischer und sozialer, nicht aber politischer Natur* [179] sei. Auf dieser Reise wurde ihm auch die erste Ehrendoktorwürde zuteil; heute ist die Zahl der internationalen Ehrungen, Medaillen und Preise kaum mehr überschaubar.

Was aber hat er in den beinahe zwanzig stillen Jahren seiner Flucht eigentlich getan? Modellhaft ließe sich ein Tag im Leben des Tendzin Gyatso so beschreiben: Bereits beim Aufwachen gegen vier Uhr morgens beginnt er den Tag mit der Rezitation von Mantras. Etwa fünfeinhalb Stunden täglich, hauptsächlich vormittags, gehören der Religionsausübung. *Bei Tagesanbruch, wenn das Wetter schön ist, gehe ich in den Garten. Diese Zeit des Tages ist eine ganz besondere für mich. Es ist sehr klar und ich sehe die Sterne und habe dieses besondere Gefühl – das meiner Bedeutungslosigkeit im Kosmos. Die Realisierung dessen, was wir Buddhisten Vergänglichkeit nennen. Das ist sehr entspannend. Manchmal denke ich überhaupt nicht und genieße einfach die Morgendämmerung und lausche den Vögeln.* [180]

Die zweite Tageshälfte widmet er bis gegen fünf Uhr Regierungsgeschäften und Besuchern. Wann immer er Zeit findet, liest er, meist buddhistische Schriften. Mit Einbruch der Dunkelheit trinkt er Tee – Mönche nehmen ab dem Nachmittag keine feste Nahrung mehr zu sich – und sieht dabei etwas fern, gerne Tiersendungen, eine Zeit lang aber auch eine durchaus unpazifistische Lieblingssendung: *Sie werden es mir nicht glauben «M.A.S.H.» – die US-Serie über den Vietnamkrieg. Sehr komisch,* erinnert er sich einmal lachend. *Aber ich war nur deshalb «M.A.S.H»-Fan, weil die Serie in Indien immer um 18 Uhr lief. Zu dieser Zeit trinke ich in Ruhe meinen Abendtee.*[181] Gegen neun geht er zu Bett. Er selbst befindet, sein gewöhnlicher Tagesablauf sei *im Grund der eines Studierenden, eines Freiheitskämpfers im gewaltlosen Sinn, eines Meditierenden und ein wenig der eines Philosophen, eines Humanisten und vielleicht eines Umweltschützers*[182].

Nicht nur Tendzin Gyatsos Tagesablauf, auch seine spirituelle Übungspraxis bleibt ebenfalls meist dieselbe und ändert sich nur, wenn er sich in Klausur zurückzieht, um sich vertiefenden Meditationsübungen zu widmen. Schon nach dem Erwerb seines Geshe-Titels 1959 wäre ein längerer völliger Rückzug in Klausur nicht ungewöhnlich gewesen, doch wurde dies durch die Flucht und die Anforderungen der ersten Jahre im Exil verhindert. *1973 spürte ich den starken Wunsch, mich für drei Jahre in Klausur zu begeben, aber die Umstände erlaubten es nicht. [...] In der Zwischenzeit muß ich mich mit Kurzklausuren begnügen, in denen ich meine Batterien auflade.* Das reicht zwar zur kurzfristigen Regeneration, aber um *den Geist zu schulen, benötigt man viel mehr Zeit. Das ist einer der Gründe dafür, weshalb ich mich noch immer auf der Anfangsstufe der spirituellen Entwicklung sehe.*[183]

Seine tägliche religiöse Praxis folgt einem strukturierten Ablauf. *Zuerst nehme ich bei meinen Niederwerfungen Zuflucht zum Buddha, zum Dharma und zum Sangha, der Gemeinschaft. Der nächste Schritt ist das Entfalten von Bodhicitta, dem gütigen Herzen. [...] Um Mitgefühl oder Nächstenliebe in mir zu erzeugen, führe ich be-*

stimmte geistige Übungen aus, welche die Liebe zu allen Lebewesen, besonders zu meinen Feinden, steigern. [...] Der Rest meiner Meditation beschäftigt sich mit Shunyata oder Leerheit; dabei richte ich meine ganze Aufmerksamkeit darauf, was gegenseitige Abhängigkeit in all ihren Nuancen bedeutet. Zu dieser Praxis gehört auch der sogenannte «Gottheiten-Yoga», bei dem ich verschiedene Mandalas benutze, um mich selbst im Geist als eine Abfolge von verschiedenen (Meditations-)Gottheiten zu sehen, die man aber keineswegs als eigenständige äußere Wesen mißverstehen darf. Dabei konzentriere ich mich so intensiv, daß mein Bewußtsein nicht mehr durch äußere Sinneseindrücke abgelenkt wird. Ich bin aber nicht in Trance, denn mein Geist bleibt hellwach. Ich befinde mich vielmehr in einem Zustand reinen Bewußtseins.[184]

Das ist zwar leicht gesagt, aber keine leichte Übung, die der Dalai Lama absolviert, *man braucht viele Jahre, bis man sie beherrscht*[185]. Aber Zeit hatte er genug in diesen ersten zwanzig Jahren des Exils. Genügend Zeit für Meditation, genügend Zeit, seine buddhistisch geprägte Herangehensweise an Politik zu festigen, genügend Zeit für Alltägliches, etwa um sich über seine Geschwister zu ärgern.

Zuerst über Thubten Jigme Norbu, der bereits 1961 eine Stelle an der Universität von Seattle angetreten hatte. Dieser, immerhin kein gewöhnlicher Mönch, sondern der Tulku des Taktser Rinpoche, gab seine Gelübde zurück und heiratete Kunyang, die jüngere Schwester des ebenfalls im Exil lebenden Oberhaupts der Sakyapa-Schule des tibetischen Buddhismus. Als Nächstes enttäuschte ihn Lobsang Samten, mit dem Tendzin Gyatso die ersten Jahre im Potala geteilt hatte: Auch dieser gab sein Mönchsleben auf und zog zu seinem Bruder Norbu. Auf Betreiben seiner Mutter und seiner Schwester Dölma heiratete Lobsang Samten schließlich Namlha, ein Mädchen aus einer der wichtigsten Familien des alten Tibets, der der adligen Tsarongs. Tendzin Gyatso war als Bruder und

Mönch empört und verärgert: *Eine Zeitlang sprach ich noch nicht mal mehr mit den beiden.*[186]

Er hatte es in dieser Zeit nicht leicht mit seinen Geschwistern. Über seine älteste Schwester Tsering Dölma munkelte man, dass die Zustände in dem ihr unterstellten Waisenhaus katastrophal seien und sie dort ein äußerst autokratisches Regiment führe. *Wie wir alle konnte meine Schwester recht aufbrausend sein. Es mag durchaus zutreffen, daß sie sich zuviel darauf einbildete, die Schwester des Dalai Lama zu sein, und dass ihr das zu Kopf gestiegen ist*[187], versucht Tendzin Gyatso ihr anscheinend nicht immer angemessenes Verhalten zu entschuldigen. Nach Dölmas Tod im November 1964 übernahm die jüngere Schwester Pema ihren Platz, und die Zustände besserten sich. Das Exil schien dem Mönchstum nicht zu bekommen, denn schließlich gab auch noch der jüngste der Brüder, Tendzin Chögyal, ebenfalls ein Tulku, seine Mönchsgelübde zurück. Die Lebenswege der Geschwister verzweigten sich. Thubten Jigme Norbu wurde Professor in Bloomington; Lobsang Samten, ehemals Schatzmeister von Tibet, arbeitete einige Jahre völlig unerkannt als Hausmeister in einer amerikanischen Schule und zog später nach Dharamsala. Tendzin Chögyal engagierte sich eine Zeit lang im Widerstand und einem hauptsächlich aus Tibetern bestehenden Regiment der indischen Armee, danach wurde er Privatsekretär des Dalai Lamas.

Im Jahr 1968 zieht der nun letzte Mönch aus dem Kreis der Brüder in ein neues Heim: Thekchen Chöling, «Garten des Mahayana-Buddhismus», heißt es. Kein Vergleich mit dem gewaltigen Potala, und nicht wenige westliche spirituelle Touristen auf Pilgerfahrt nach Dharamsala zeigen sich, in Erwartung großen Pomps, über die Schlichtheit der Gebäude recht erstaunt. Der Dalai Lama selbst hingegen genießt diese neue Einfachheit im Exil.

TIBET UND CHINA: EINE SCHWIERIGE GESCHICHTE

An eine wie auch immer geartete Aufnahme diplomatischer Kontakte des Dalai Lamas und seiner Exilregierung zu China war in den ersten Jahrzehnten nach der Flucht nicht zu denken: Nach dem Scheitern des von Mao verordneten «Großen Sprungs nach vorn» und den «Drei Harten Jahren» von 1959 bis 1962, in denen in China vielleicht zwanzig, vielleicht dreißig Millionen Menschen verhungerten, versank das Reich der Mitte ab 1966 während der Kulturrevolution für mehr als zehn Jahre in Chaos und Zerstörung. Das gesamte chinesische Territorium litt unter dem Terror der fanatischen «Roten Garden» Maos. Auch Tibet wurde Opfer der Kampagne zur Ausrottung der «Vier Alten»: Alte Ideen, alte Sitten, alte Kultur und alte Gebräuche wurden unvorstellbar gnadenlos verfolgt. Besonders die Religion, in der sich etwas von allen vieren fand: Kaum eines von Tausenden großen und kleinen Klöstern in Tibet sollte danach noch intakt sein, beinahe alle Mönche und Nonnen wurden genötigt, in den Laienstand zurückzukehren, manche sogar zu öffentlichem Sex gezwungen; die Religionsausübung wurde verboten. Menschenleer waren die Ruinen der Klöster, überfüllt die Arbeitslager und Gefängnisse. Angesichts des Terrors, der Tibet überrollte und elender zurückließ, als es jemals zuvor in seiner Geschichte gewesen war, wirken die Parolen von der angeblichen «Befreiung» Tibets unfassbar zynisch. Wie rechtfertigt China nun seine Einverleibung Tibets? «Erfolgreiche Annexion eines zuvor unabhängigen Staatsgebiets», was der Wahrheit entspräche, ist eine Feststellung, die man nicht zu hören bekommt. Tatsächlich versucht China, seine Anwesenheit in Tibet anders zu begründen, nämlich historisch. Die kommunistischen Machthaber präsentieren sich hier überraschend als legitime Erben des Kaiserreichs, genau genommen der Mongolen- und Mandschu-Dynastien in China. Die Debatte über die so genannte Tibet-Frage ist dabei für beide Seiten hochgradig emotionsgeladen. Aber es geht um mehr als um individuelle oder kollektive Menschenrechtsverletzung an Tibetern – wobei sich dies sogar beide Seiten vorwerfen: Die Tibeter im Exil beschuldigen China des Genozids in Millionenhöhe. Die chinesische Propaganda hingegen malt in drastischen Farben ein Bild barbarischer Grausamkeit einer mittelalterlichen tibetischen Sklavenhaltergesellschaft, bis endlich die sozialistische Segnungen verbreitende Volksbefreiungsarmee einmarschierte. Sicher ist die tibetische Version wesentlich näher an der Wahrheit. Eine wertfreie Einschätzung der bestimmt nicht idealen Gesellschaftsstrukturen in Tibet vor 1951 wird man von den heimatvertriebenen Tibetern aber nicht erwarten können. Für eine neutrale Aufarbeitung der eigenen Geschichte scheint es noch zu früh, zumal – sicher auch unter dem Einfluss des Tibet mystifizierenden Westens – manche Tibeter heute zu einer verklärten Rückschau auf ihr verlorenes gelobtes Land neigen. So scheinen beide Seiten in ihren Darstellungen zu übertreiben, die eine jedoch sehr viel mehr als die andere.

Das eigentliche, viel wichtigere ideologische Schlachtfeld für Chinesen und Tibeter sind jedoch nicht die Kampfplätze der letzten Jahrzehnte, sondern die Geschichte der Jahrhunderte davor. Die «Tibet-Frage» meint in weiterem Zusammenhang den Streit darüber, was genau man unter «Tibet» zu verstehen hat und wer auf dem Dach der Welt regieren und leben soll. Chinas offizielle Haltung lautet, dass Tibet schon seit Jahrhunderten ein Teil des chinesischen Reichs gewesen sei. So erklärte etwa der ehemalige chinesische Botschafter in Deutschland, Guo Fengmin, in äußerst ungehaltener Reaktion auf eine Anhörung zur Tibet-Frage im Deutschen Bundestag 1989: «Wie allgemein bekannt, ist Tibet seit dem 13. Jahrhundert ein unabtrennbarer Teil des heiligen Territoriums Chinas, und die Tibeter gehören der großen Familie der aus

56 Nationalitäten bestehenden chinesischen Nation an. Dies ist eine Tatsache, die die Regierungen aller Länder der Welt, einschließlich die der Bundesrepublik Deutschland, anerkennen.»[188] Fast müßig anzumerken, dass in dieser «großen Familie» die etwa 92 Prozent ethnischer Han-Chinesen unzweifelhaft das Familienoberhaupt sind.

Tibet soll also ein historischer Teil Chinas sein. Sicher gab es historische Beziehungen, aber deren Natur ist nicht im Geringsten so eindeutig, wie China gerne glauben zu machen versucht. *Von Seiten der chinesischen Regierung wurde versucht, alle möglichen historischen, auf das 13. und 17. Jahrhundert zurückgehenden Argumente vorzubringen,* wehrt sich denn auch der Dalai Lama immer wieder öffentlich, um – auch nicht ganz passend – zu kontern: *Während der Herrschaft der Könige Trisong Detsen und Tri Ralpachen im 8. Jahrhundert war die Grenze zwischen China und Tibet klar abgesteckt, von der chinesischen Provinz Yünnan bis zu den tibetischen Provinzen von Amdo im Norden*[189], was wiederum ein größeres Territorium bedeutet, als jemals ein Dalai Lama tatsächlich regiert hat. Denn diese gab es im 8. Jahrhundert ja noch nicht.

Zwar berichten frühe chinesische Quellen von Tributzahlungen der Tibeter an den chinesischen Kaiser, was China heute als Beweis der machtpolitischen Unterordnung Tibets gilt. Doch belegt dies eher, dass Tibet eben nicht Teil des chinesischen Reichs war, denn Regionen unter direkter chinesischer Herrschaft waren nicht tributpflichtig, sondern bezahlten Steuern. Tributzahlungen waren im frühen Mittelalter in Asien gang und gäbe, so erhielt der chinesische Kaiserhof auch von Arabern, Japanern und Indern Tribut. Alte tibetische Quellen aber verzeichnen ihrerseits ebenfalls Tributzahlungen von Arabern, Turkvölkern – und Chinesen. Viele dieser Gesandtschaften scheinen ihrem Zweck nach eher als offizielle Handelsmissionen denn als Tributmissionen zu verstehen zu sein.[190] Auch bei der chinesischen Geschichtsschreibung, so hervorragend zumindest die Datierung im Allgemeinen ist, sollte man nicht alles für bare Münze nehmen: Behauptungen, dass sich das Reich der Mitte in der Tang-Zeit (618 bis 906) über Tibet und ganz Zentralasien bis Persien erstreckt habe, sind sicher Wunschdenken und werden von arabischen (wie auch anderen chinesischen) Quellen widerlegt. Und erst gegen Ende der Tang-Dynastie hatten die Chinesen das meiste zurückerobert, was die Tibeter (!) ihnen zuvor an Land abgenommen hatten. Weitere Großoffensiven aus Tibet gab es danach jedoch keine mehr. Man gab die kriegerische Expansion auf, um sich von nun an ganz dem Buddhismus zuzuwenden – und wohl keine Religion dämpft die Lust auf Krieg und Blutvergießen so wirkungsvoll.

Doch mit dem Ende der Tang-Dynastie begann das chinesische Imperium zu zerfallen. Ein Niemandsland entstand im Grenzland zwischen den beiden Reichen, das von örtlichen Kleinfürsten regiert wurde. Kontakte zwischen Tibet und China beschränkten sich bis zum Ende der Song-Dynastie (960 bis 1279), die China gut fünfzig Jahre nach dem Fall der Tang wieder vereint hatte, weitgehend auf den Austausch von Höflichkeiten oder auf Grenzscharmützel. Dann wurden beide Länder von einer dritten zentralasiatischen Macht erobert: den Mongolen. Dschingis Khan (1167 bis 1227) begann eine Serie von Eroberungen, darunter das Reich der Tanguten, nördli-

---

DER VERTRAG ZWISCHEN TIBET UND CHINA, 821 N. CHR.

Tibet und China sollen sich an die Grenzen halten, die sie jetzt innehaben. […] Von jetzt an soll auf keiner der beiden Seiten Krieg geführt oder Land weggenommen werden. […] Alle sollen in Frieden leben und an den Segnungen des Glückes 10 000 Jahre teilhaben. [….] Dieses feierliche Abkommen hat eine große Zeit begründet, wo die Tibeter im Lande Tibet glücklich sein sollen und die Chinesen im Lande China. Damit es niemals gekündigt wird, sind die Drei Kostbarkeiten der Religion [Buddha, Dharma, Sangha], die Versammlung der Heiligen, Sonne, Mond, Planeten und Sterne als Zeugen angerufen worden.

---

cher Nachbar Tibets, und Nordchina. Seine Nachfahren setzten die Feldzüge fort. Im Westen ritt die «Goldene Horde» Richtung Russland, im Osten unterwarf Dschingis' Enkel Kublai Khan 1279 das China der Südlichen Song-Dynastie. Die Tibeter, das Schicksal ihrer Nachbarn vor Augen, hielten es für äußerst ratsam, freundliche Beziehungen zu den Mongolen aufzunehmen. Göden, ein anderer Enkel Dschingis Khans, rief einen der führenden tibetischen Lamas dieser Zeit, Sakya Pandita (1182 bis 1251), an seinen Hof und wurde mit seinem Gefolge erfolgreich zum Buddhismus bekehrt. Zum Dank übertrug Göden Sakya Pandita die Hoheit über ganz Tibet, das politisch zu dieser Zeit weitgehend zersplittert war. Diese Investitur war zwar eher symbolisch zu verstehen, da Göden nicht alle Mongolen und der Sakya Lama nicht alle Tibeter hinter sich hatte, begründete aber die bereits erwähnte besondere Beziehung des «Chö-yön», in der der Patron den von ihm bevorzugten Lama militärisch schützt, der im Gegenzug die spirituelle Führerschaft übernimmt und die religiösen Bedürfnisse des Herrschers befriedigt. So war nicht nur die Basis gelegt für die zukünftigen Beziehungen zwischen den mongolischen Yüan-Herrschern und den Sakya Lamas, wie etwa zwischen dem Sakya Lama Phagpa und Kublai Khan, sondern nach dem Fall der Yüan-Dynastie (1279 bis 1368) und der für die Beziehungen zwischen Tibet und China vergleichsweise ereignislosen Ming-Dynastie (1368 bis 1644) auch für die Beziehung zwischen den Mandschu-Kaisern der Qing-Zeit (1644 bis 1911) und den Dalai Lamas.

Während der Herrschaft der Mongolen blieb Tibet ein besonderer Teil ihres Reiches, der nie vollständig integriert wurde. Unter dem Laienherrscher Changchub Gyaltsen (reg. 1350 bis 64), der Tibet geeint hatte, erlangte Tibet 1350 sogar völlige Unabhängigkeit von den Mongolen. Erst achtzehn Jahre später stürzten die Chinesen ihre fremden mongolischen Herren und setzten den Einheimischen Zhu Yuanzhang als ersten Kaiser des Ming-

Hofes ein. Eroberer aus dem Norden, die Mandschu, fegten die Ming-Dynastie 1644 hinweg und belebten die Tradition der Chö-yön-Beziehung. 1653, gut 300 Jahre bevor Tendzin Gyatso seine eigene Chinareise unternahm, besuchte sein Vorgänger, der Große Fünfte, den ihm höchst ergebenen Shunzhi-Kaiser (reg. 1644 bis 1661) auf dessen dringliche Einladung sogar an dessen Hof in Beijing.

Eine neue Phase in den Beziehungen begann um 1720, als erstmals Armeen der Mandschu nach Lhasa gelangten, die man im Rahmen ihrer Chö-yön-Pflichten gerufen hatte, um die Dzungar-Mongolen, die Tibet drei Jahre zuvor besetzt hatten, zu vertreiben und den siebten Dalai Lama zu beschützen. 1720 hatten die Tibeter unter dem Adligen Pholha die Situation jedoch größtenteils schon selbst unter Kontrolle. Die erbetene Hilfe aus China kam also recht spät und ist zudem lediglich als Hilfe zur Befreiung, nicht als Eroberung zu verstehen. Yongzhen (reg. 1723 bis 35) zog so gut wie alle verbleibenden chinesischen Truppen wieder aus Tibet ab, installierte jedoch dauerhaft zwei Mandschu-Repräsentanten mit militärischer Eskorte in Lhasa, so genannte Ambane. Mal war deren Aufsicht nur nominell, mal fungierten sie – etwas mächtiger – als Berater des Kashag. Trotzdem spürte man die Anwesenheit Chinas allenfalls in Lhasa, denn nur dort gab es eine Kaserne mit eintausend Soldaten. Ansonsten lebten keine Chinesen im Machtbereich des Dalai Lamas.

Die tibetische Haltung zu diesen Repräsentanten des Kaisers war zwiespältig. Die Einmischung der Ambane in innere Angelegenheiten wurde zwar nicht gerne gesehen, aber militärisch war man im Notfall auf ihre Hilfe angewiesen. Auch bei politischen Kontakten nach außen, etwa zu Briten und Nepalesen, nutzte die tibetische Regierung ihre vorgebliche Unterordnung unter China gerne aus und verwies, wenn es vorteilhaft schien, auf entweder die Ambane oder den Kaiser als Autoritäten. So ließ sich ganz diplomatisch vorgeben, man dürfe etwas nicht tun, was man selbst nicht tun wollte.

In der folgenden Zeit nahm die Abhängigkeit Tibets von den Mandschu jedoch allmählich zu. Ein Grund war sicher, dass die Tibeter diese zu oft um militärische Hilfe baten und den Eindruck erweckten, auf eine starke Hand angewiesen zu sein – schließlich regierten zu dieser Zeit die schwachen Dalai Lamas. Die Ambane sollten daher künftig Außenbeziehungen, Handel und Verteidigung Tibets koordinieren und kontrollieren. Tibet wurde so gegen die Außenwelt, besonders gegen Russland und Britisch-Indien abgeriegelt. Auf dem Papier sieht das nach einem großen Autonomieverlust für die Tibeter aus, was es tatsächlich aber nicht war: Denn die Kontrollpraxis war direkt abhängig von den individuellen Fähigkeiten der für jeweils drei Jahre eingesetzten Ambane, diese waren aber häufig korrupt und – weit weg von China – ohne Einfluss und Macht. Während der Zeit des allmählichen Verfalls der Mandschu-Dynastie hätten die Tibeter die Ambane leicht loswerden können, schließlich hatte die Qing-Dynastie seit Beginn des 19. Jahrhunderts alle Hände voll zu tun mit den europäischen Mächten, allen voran den Briten, zudem den Portugiesen, Spaniern und Holländern, die vehement ins Reich der Mitte drängten. Doch die Tibeter unterließen es.

Ende des Jahrhunderts wurde Tibet dann im «Great Game» zum Zankapfel zwischen Russen, Briten und Mandschu. Russland hatte erkannt, dass in Tibet der Schlüssel zum Einfluss auf zentralasiatische buddhistische Völker wie die Kalmücken oder Burjaten lag, und suchte sich dem Dalai Lama als Bündnispartner anzudienen. Auch in Britisch-Indien sah man die Ohnmacht der Mandschu in Bezug auf Tibet und interessierte sich für direkte Kontakte zum Dalai Lama, um Handelsvereinbarungen mit ihm zu treffen. Lord Curzon, Vizekönig in Indien, ließ daher den Offizier Francis Edward Younghusband 1904 mit seinem Regiment in Tibet einmarschieren. Im Gegensatz dazu hielt es die Regierung in London wegen ihrer Handelsinteressen in China jedoch für angebracht, in gewissem Grad weiterhin freundschaftliche Kontakte zum Mandschu-Kaiser zu unterhalten und daher dessen Vormacht in Tibet anzuerkennen. Um es kurz zu machen: Das Gezerre endet mit der offiziellen Unabhängigkeitserklärung Tibets 1913 durch den dreizehnten Dalai Lama, womit jegliche Reste einer vagen tibetischen Unterordnung unter den Schutz der Kaiser Chinas beseitigt werden – ein Schutz, der im Wesentlichen nichts an der politischen, kulturellen, religiösen oder territorialen Identität Tibets geändert hatte. Ein integraler Teil Chinas ist Tibet nie gewesen; der Tatbestand der Annexion ist damit, wie das Gutachten der «International Commission of Jurists» deutlich macht, eindeutig erfüllt – und völkerrechtlich nach den Grundsätzen der UN-Charta verboten. Doch was für den vierzehnten Dalai Lama wirklich zählt, ist etwas anderes: *Ob Tibet unabhängig war oder nicht, spielt keine Rolle, solange unser Volk glücklich ist. Die Tatsache, dass unser Volk gegenwärtig nicht glücklich ist, ist ebenfalls wichtiger als Geschichte. Geschichte kann sich ändern.*[191]

Weniger eindeutig sind zwei andere hochpolitische Fragen zu beantworten, nämlich die nach den tatsächlichen territorialen Grenzen Tibets und die nach seiner Bevölkerungszahl. Hier zeigen sich auch die Exilanten großzügigen Interpretationen zugeneigt. So bezieht sich der Dalai Lama als das wichtigste Sprachrohr exiltibetischer Politik, wenn er «Tibet» sagt und «Autonomie» fordert, immer auf «Bö chenmo», «Großtibet», also eher das ethnographische als das ehemals politische Tibet. Dies passt zwar territorial nicht zusammen mit dem als Legitimation vorgebrachten Verweis auf die für das politische Tibet geltende Unabhängigkeitserklärung durch den dreizehnten Dalai Lama, kann aber als Konzept aus «innenpolitischen» Gründen von den Exilanten nicht aufgegeben werden, dafür stammen zu viele der geflohenen Tibeter aus ebendiesen Randgebieten des ethnographischen Tibets. *Wenn wir Tibet sagen, beinhaltet das die ganzen drei Provinzen Tibets,* also Ü-Tsang, Kham und Amdo, erläutert er stets. *Die Bevölkerungszahl Tibets liegt bei ungefähr sechs Millionen [...]. Wenn die Chinesen Tibet sagen, meinen sie nur Zentraltibet und Teile Westtibets, das die sogenannte Tibetische Autonome Region bildet. Hier liegt die Bevölkerungszahl bei etwa zwei Millionen.*[192] Diese Zahlen sind, genauso wie die exiltibetischen Erklärungen, mittlerweile stünden über siebeneinhalb Millionen ethnische Han-Chinesen den sechs Millionen Tibetern in deren Lebensraum gegenüber, grobe Schätzungen, deren wichtigster Zweck sicher nicht Genauigkeit ist, sondern das verständliche Ziel, die demographische Aggression der Chinesen und somit deren Versuch, Tibet durch massive Ansiedelungspolitik zu sinisieren, möglichst drastisch zu belegen. Nun hat es aber vor dem Einmarsch der Chinesen nie eine offizielle tibetische Volkszählung gegeben. Jede noch so grobe Schätzung wurde erschwert durch die Größe des Landes und die nomadische Lebensweise vieler Tibeter. Die geschätzten Bevölkerungszahlen (von Nichtchinesen) schwanken daher zwischen einem Minimum von zwei Millionen Tibetern und dem Maximum in der Annahme des Dalai Lamas von 1962, sein Volk umfasse *sieben oder acht Millionen Tibeter*[193]. Ein ungefährer Mittelwert aller Schätzungen läge etwa bei fünf Millionen Tibetern, die in der Autonomen Region Tibet und den angrenzenden chinesischen Provinzen leben.[194] Der chinesische Zensus von 1990 zählte rund 4,6 Millionen Tibeter, davon 46 Prozent in der Autonomen Region Tibet – was also in etwa mit den vom Dalai Lama für diese Region vermuteten zwei Millionen übereinstimmt – und 54 Prozent in den Provinzen Qinghai, Gansu, Sichuan und Yünnan.[195] Da nach ebenfalls nur geschätzten Angaben des Dalai Lamas und seiner Regierung *mehr als ein Sechstel der tibetischen Bevölkerung von sechs Millionen Menschen [...] als direkte Folge der chinesischen Invasion und Be-*

satzung ums Leben gekommen[196] ist, müsste rein rechnerisch eigentlich auch das exiltibetische Zahlenwerk auf ein Ergebnis von unter fünf Millionen kommen.

Unabhängig von allen Berechnungen und der tatsächlichen Anzahl der durch chinesische Hand umgekommenen Tibeter vor und während der Kulturrevolution lässt sich als einzig erfreuliche Tendenz nur festmachen, dass die Zahl der Tibeter heute, zumindest nach den jüngsten chinesischen Statistiken, wieder zunimmt.[197] Tibeter werden als Angehörige einer ethnischen Minderheit in China nicht der offiziell geltenden Ein-Kind-Politik unterworfen.

Wichtiger als die exakte Anzahl Tibeter scheint jedoch das damit verknüpfte Problem der Überfremdung durch Han-Chinesen zu sein. So antwortete der Dalai Lama schon 1959 auf Journalistenfragen nach dem Ziel der Chinesen, dieses sei, soweit er es erkennen könne, *die Ausrottung von Religion und Kultur und sogar die Absorption der tibetanischen Rasse*[198], und berichtete von Millionen von chinesischen Siedlern, die die von Tibetern bewohnten Gebiete überfluteten. Auch um 1983 ist die Rede von *massivem Zustrom chinesischer Siedler*, eine *beispiellos hohe Zahl*[199] werde durch Prämien und Vergünstigungen zum Zuzug, auch nach Zentraltibet, ermutigt. «Siedler» suggeriert jedoch fälschlich einen massiven Zuzug «aufs Land». Tatsächlich gibt es zumindest in der Autonomen Region Tibet, deren Vorbereitungskomitee der Dalai Lama einst selbst angehört hatte, heute keine chinesischen Bauern oder Nomaden. Die nicht zum Militär gehörenden Chinesen in dieser Region, es werden einige hunderttausend sein, prägen hingegen auffallend stark Leben und Architektur der wenigen tibetischen Städte, wo sie als Beamte, Bauarbeiter oder Unternehmer tätig sind und einen Großteil der Wirtschaft kontrollieren. Die tibetischen Bauern und Nomaden in diesem Gebiet gehören hingegen mit einem Jahreseinkommen von etwa 120 € zu den ärmsten Menschen Chinas.

In den ehemals vornehmlich von Tibetern bewohnten, aber dennoch chinesischen Provinzen war der Zuzug von Han-Chinesen dagegen sehr viel stärker als in der Autonomen Region Tibet. Auch Bauern wurden dort angesiedelt. Wenn also der Dalai Lama von geschätzten *siebeneinhalb Millionen Chinesen* gegen geschätzte *sechs Millionen Tibeter* spricht, dann ist zu ergänzen, dass das Zahlenverhältnis insbesondere in den Randgebieten stark zu Ungunsten der Tibeter ausfällt.

Tritt man einen Schritt zurück und blickt auf das Zahlenverhältnis in seiner Gesamtheit, so fällt dies natürlich noch viel ungünstiger aus: Knapp fünf Millionen Tibetern auf chinesischem Staatsgebiet – und 130 000 Tibetern im Exil – steht eine Atommacht mit über 1,3 Milliarden Menschen gegenüber. Dass dieses Verhältnis gewaltsamen Widerstand als auch nur ansatzweise Erfolg verspre chendes politisches Mittel aussichtslos macht, mag dem Dalai Lama geholfen haben, die Frage der Gewaltanwendung für sich zu klären, und dies nicht nur als Friedfertigkeit predigender Buddhist, sondern auch als Realpolitiker. Noch bei seiner zweiten Pressekonferenz 1959 in Indien hatte er auf die Frage, ob er um Waffen für die Aufständischen bitten würde, ausweichend geantwortet, dass er *nicht beabsichtige, die nationale freiwillige Verteidigungsarmee ohne Hilfe zu lassen,* jedoch strebe er *friedliche Lösungen stärker an als militärische Gewaltlösungen.*[200] Auch in seiner ersten Autobiographie äußerte er sich durchaus lobend über die *außerordentlich tapferen Freiheitskämpfer*[201]. Immerhin eine Rechtfertigungsmöglichkeit für die Aktionen der Widerständler fand er in einer alten buddhistischen Geschichte: Dort sieht sich der Bodhisattva gezwungen, einen Mann zu töten, der seinerseits plante, 499 Menschen zu ermorden, und sich durch Worte partout nicht von seinem Vorhaben abbringen lassen wollte. Um diese Menschenleben zu retten und zugleich dem Mörder sein durch die Tat unweigerlich entstehendes entsetzlich schlechtes Karma zu ersparen, tötet ihn der Bodhisattva aus Mitleid. Zu Recht, so der Dalai Lama: *Nach buddhistischer Sichtweise sind Ergebnis und Motivation wichtiger als die Methode. In diesem Fall war die Gewalt – die Methode – das Töten, aber die Motivation war Mitgefühl. Die Hauptschwierigkeit in solchen Fällen ist es, nach ernsthaften und umsichtigen Überlegungen zu bestimmen, ob es irgendeine mögliche Alternative zur Gewalt gibt.*[202] Im Fall Tibets ist dem exilierten Oberhaupt jedoch klar, dass Gewalt keine sinnvolle Alternative zu Gewaltlosigkeit ist. So spielte er das Szenario eines breit angelegten bewaffneten Kampfes mit weniger pazifistischen tibetischen Jugendlichen durch, denen seine Haltung im Allgemeinen sowieso viel zu lax und China gegenüber zu konziliant ist und für sie fast an Verrat und Preisgabe des Heimatlandes grenzt: *Der Diskussion halber sagte ich ihnen, stellen wir uns Gewaltanwendung vor. Ein paar Gewehre sind nichts, wir brauchen eine substantielle Anzahl von Gewehren und genügend Munition. Die erste Frage ist: Woher sollen wir die Mittel dafür bekommen? Aus Indien – unmöglich, aus Amerika? Das ist auch schwierig [...]. Es gibt einen Markt in Pakistan und in Afghanistan. Nehmen wir an, wir würden Unterstützung und finanzielle Mittel bekommen, wo würden wir diese Waffen kaufen? Und wie würden sie nach Tibet gebracht? Schwierig! Über Land? Sehr schwierig! Deshalb ist es leicht, «Jihad», heiliger Krieg zu rufen, aber das ist nicht leicht zu praktizieren.*[203]

Von ihm ist also kein buddhistischer Jihad, kein Aufruf zu einer tibetischen Intifada zu erwarten. Vielmehr wagt er den Versuch, drei buddhistische Prinzipien als zentrale Politikkonzepte zu etablieren: «Ahimsa», «Karuna» und «Maitri» sind Begriffe aus dem Sanskrit, die wörtlich «Nichtverletzen», «Mitleid» und «Wohlwollen» bedeuten. Und daran sollen alle Handlungen, im politischen wie im privaten Leben, ausgerichtet werden, dies soll auch die Verhandlungen mit China prägen. Internationale Politik solchen Prämissen verpflichtet zu sehen wäre sicher auch für Nichtbuddhisten erfreulich und ein Fortschritt. Schwieriger wird es schon fallen, auch bestimmte Formen buddhistischer Geschichtsdeutung zu akzeptieren. Denn selbst den Einmarsch der Chinesen in Tibet und das damit verbundene Leid des tibetischen Volkes kann der Dalai Lama bei Bedarf aus der Religion deuten: In seiner buddhistischen Perspektive lässt sich dies als karmische Konsequenz früherer negativer Handlungen betrachten. Worin diese bestanden haben könnten, darüber lässt sich nur spekulieren. Generell scheinen ihm zwei Möglichkeiten denkbar: Entweder sind Individuen, die in der Vergangenheit *an verschiedenen Orten und je nachdem auch in verschiedenen Galaxien* – schließlich kennt der Buddhismus viele Welten – die gleiche Art schlechten Karmas angehäuft haben, alle in der gegenwärtigen Generation als Tibeter wiedergeboren worden. *Sie erfahren also ihr Karma kollektiv.* In einer zweiten Lesart geht er hingegen davon aus, *daß in der Vergangenheit das tibetische Volk beziehungsweise das buddhistische Land in der Ausübung der Lehre des Buddha Fehler begangen hat. Unglücklicherweise gab es Fälle, wo im Namen der Religion oder gewisser Institutionen ungesunde Dinge geschehen sind und Ausbeutung betrieben wurde.*[204] Schließlich gab es auch *viele dumme, gierige Mönche [...], idiotische Lamas, die manchmal bestürzende Dinge taten*[205], was in der Summe bedeuten würde, die Tibeter hätten ihr Schicksal in gewisser Weise nicht nur wegen falscher politischer und militärischer Entscheidungen selbst verschuldet, sondern ihre Leiden sogar verdient! Jedem, der nicht an die quasi naturgesetzlich funktionierenden Vergeltungsregeln der Karma-Lehre glaubt, scheinen solche Erklärungen kaum angemessen. Dass aus diesem Vergeltungsmechanismus aber auch Trost und Hinnahme der Umstände erwachsen kann, ist genauso wenig leicht zu begreifen. Und dennoch: Da insbesondere Gewalt negatives Karma erzeugt – auch für nichtbuddhistische Täter –, können buddhistische Tibeter nicht nur sicher sein, dass die Chinesen ihre gerechte Strafe ereilt.

Nein, sie können sogar aufrichtiges Mitleid mit den Chinesen entwickeln, die sich durch das an Tibet verübte Unrecht ihr zukünftiges Los so unendlich erschweren. Deshalb mahnt auch der Dalai Lama nicht nur beständig, Hass sei eines der vom Buddha identifizierten Grundübel, sondern betont zugleich, dass auch der Wunsch nach Rache angesichts der ewigen Wirksamkeit des Karma-Gesetzes völlig falsch sei. Die Chinesen seien schließlich sowieso in großer Gefahr, *ihre nächsten Leben auf tiefer Stufe und im Elend führen zu müssen, und unsere Pflicht ist es, ihnen – wie jedem anderen Lebewesen – zu helfen, damit sie zum Nirvana emporsteigen können, statt auf niedrigere Schichten der Wiedergeburt absinken zu müssen* [206]. Und diese Hilfe kann nur durch das Praktizieren von Gewaltlosigkeit, Mitleid und Wohlwollen geleistet werden. Dabei würden nicht nur die Chinesen, sondern auch die Tibeter von solch einer geistigen Grundhaltung profitieren, schließlich sind diese Übungen elementare Schritte auf dem buddhistischen Pfad zur spirituellen Befreiung.

Diese Überzeugung, insbesondere vom absoluten Primat der Ahimsa, der Gewaltlosigkeit, hat der Dalai Lama erst im indischen Exil schrittweise ausgebaut. Die tibetische Innenpolitik vor 1959 war mit Sicherheit nicht ausschließlich von diesen Idealen geprägt. So finden sich auch hin und wieder Äußerungen, wonach dann, wenn *es klare Anzeichen gibt, daß es keine Alternative zur Gewalt gibt, auch Gewalt zulässig* [207] sei.

Ahimsa als das Gebot des Nichtverletzens von Lebewesen ist ein altes indisches Konzept, dem sowohl Hinduismus als auch Buddhismus folgen und das alle Lebensbereiche durchziehen sollte. Im Privaten bedeutet dies beispielsweise eine Befürwortung fleischloser Ernährungsweise, die in Indien eine lange Tradition hat. In Tibet hingegen isst man im Allgemeinen sehr gerne Fleisch, angesichts der kargen Vegetation ist man auch auf diese Nahrungsquelle zwingend angewiesen. Allerdings versucht man traditionell, das Schlachten Nichtbuddhisten – in Lhasa etwa einigen dort ansässigen Muslimen – oder sozial Niedrigrangigen zu überlassen, denn ein Lebewesen zu töten heißt, sich mit schlechtem Karma zu belasten. Auch der Dalai Lama strich Mitte der sechziger Jahre Fleisch von seinem Speiseplan, musste den Vegetarismus wegen einer Hepatitiserkrankung auf Anraten seiner Ärzte aber wieder aufgeben.

In Regierungsangelegenheiten ist Gewaltlosigkeit aber von den Vorgängern des Dalai Lamas nie so radikal als politische Direktive verstanden worden, wie der vierzehnte dies heute tut. Es scheint vielmehr, als verdanke der tibetische Buddhismus diese in ihrer Deutlichkeit neue Betonung von Gewaltlosigkeit als dem Maß allen Handelns einem modernen hinduistischen Vorbild, nämlich dem des vom Dalai Lama hochverehrten Mahatma Gandhi. Allerdings hat der Dalai Lama nie wie dieser zum zivilen, gewaltlosen Ungehorsam aufgerufen – was realistisch gesehen China bestimmt nicht in die Knie zwingen würde –, sodass sein Weg entschieden passiver ist. Unter den gegebenen Bedingungen fehlt der Politik des Dalai Lamas eine sich zuspitzende Dramatik, die eine Lösung unumgänglich macht, wie dies bei Gandhis Freiheitskampf für die Unabhängigkeit Indiens der Fall war. Wohl gelingt es dem Dalai Lama, Blutvergießen zu vermeiden. (Dass nicht nur Mord, sondern auch Selbsttötung im Buddhismus für gewöhnlich als karmisch schlecht angesehen wird, mag dabei helfen, etwa die im Islam populärste Attentatsform zu verhindern.) Ansonsten scheint der nachdrücklich propagierte Gewaltverzicht zwar in hohem Maß zum Imagegewinn des Friedensnobelpreisträgers Tendzin Gyatso und zu einer Vielzahl von gut gemeinten (und doch folgenlosen) Sympathiebekundungen beizutragen. Im Ergebnis aber läuft der Dalai Lama natürlich Gefahr, zwar ewig als der moralische, aber nie als der tatsächliche Sieger dazustehen. Gerechtigkeit? Vielleicht im nächsten Leben, mit Sicherheit irgendwann.

Wer an karmische Vergeltung glaubt, kann warten. *Wenn ich in die Vergangenheit zurückblicke, bedauere ich nicht im mindesten, daß ich bis zum Ende eine Politik der Gewaltlosigkeit vertreten habe. Von dem einzig wichtigen Standpunkt unserer Religion aus war dies die einzig mögliche Politik, und ich glaube immer noch eines: Wäre mein Volk fähig gewesen, mir darin zu folgen, so sähe es mit Tibet heute zumindest ein wenig besser aus.*[208] Das klingt irritierend, fast nach kulturellem Freitod, ohne dass unmittelbar einsichtig wird, was bei absoluter gewaltloser Unterordnung unter die neuen Herren wohl *ein wenig besser* gewesen wäre. Denn dass etwa Tendzin Gyatsos Ausharren in Lhasa oder eine uneingeschränkte Kooperation Tibet vor dem verheerenden Jahrzehnt der Kulturrevolution mit ihrer Zerstörung und Plünderung beinahe aller tibetischen Klöster und der radikalen Unterdrückung des gelebten Buddhismus bewahrt hätte, ist kaum vorstellbar. Schließlich ist Religion im Fall Tibets für China sogar ein doppeltes Gift, nicht nur das einfache «Opium». Wohl noch gefährlicher ist, dass der Buddhismus eine der wichtigsten individuellen Quellen tibetischer Identität und zugleich des allgemeinen tibetischen Nationalgefühls ist, die das große «Mutterland» China bis zum heutigen Tag nicht zu verstopfen vermag. Heute den Tibetern deshalb sogar den Besitz von Bildern des Dalai Lamas zu verbieten, muss man daher wohl als – wenn auch vergeblichen – Versuch sehen, die Flamme dieses religiösen Nationalismus zu löschen.

Nach dem Tod des Ministerpräsidenten Zhou Enlai im Januar 1976 und des Parteichefs Mao Zedong im September desselben Jahres, nach der Verhaftung der linksradikalen «Viererbande» um Maos zweite Frau Jiang Qing setzte sich in China allmählich der gemäßigte Kurs des während der Kulturrevolution entmachteten Deng Xiaoping durch. Von den durch ihn eingeleiteten wirtschaftlichen Reformen, besonders der Entkollektivierung der Landwirtschaft, profitierte nach und nach auch Tibet.

Der schönste Erfolg der um internationale Anerkennung bemühten chinesischen Regierung wäre natürlich die friedliche
Rückkehr des Dalai Lamas. Nicht als weltliches, aber als religiöses
Oberhaupt würde man ihn dulden. China begann daher Ende 1976 mit einer Reihe einseitiger Gesten guten Willens, entließ
einige seit 1959 inhaftierte «konterrevolutionäre» Tibeter, etwa
den ehemaligen Leibarzt des Dalai Lamas, Tendzin Chödrak. Eine
Gruppe von Exilanten, die ihre Heimat sehen wollten, erhielt Visa,
und die chinesische Regierung stellte in Aussicht, dass Tibeter ihre
Verwandten im Ausland besuchen dürfen.

Am 2. Mai 1977 berichtet die «Times» in London von einer kleinen Sensation: einer Einladung an den berühmtesten tibetischen
Exilanten selbst, die gegen Ende 1978 sogar mehrmals wiederholt
wurde. Den Weg hatte, sicher unabsichtlich, auch Ren Rong, der
damalige Erste Sekretär der KPCh in der Autonomen Region Tibet, bereitet. Ständig hatte er völlig unangemessene Erfolgsmel-
dungen über die wirtschaftliche Lage in Tibet und die außeror-
dentliche Hingabe der Tibeter an die kommunistische Sache aus
Lhasa ins weit entfernte Beijing geschickt. Da dort niemand die
tatsächliche Lage kannte, schien man ihm Glauben geschenkt zu
haben. Anders ist nicht zu erklären, warum China sich stark genug
fühlte, eine Delegation von Exiltibetern zu einer Besuchsreise
nach Tibet einzuladen, wo man sie wohl mit den erzielten Fort-
schritten beeindrucken wollte. Der erste Kontakt ging vom Direk-
tor der chinesischen Presseagentur Xinhua, Li Juisin, über John
Dolfin, einen Mittelsmann in Hongkong, zum ebenfalls dort lebenden Gyalo Dhöndup. Deng Xiaoping hatte Gyalo Dhöndup
nach Beijing eingeladen und signalisiert, es könne im Rahmen der
«Tibet-Frage» über alles gesprochen werden, mit Ausnahme völliger Unabhängigkeit. Selbst den Panchen Lama ließ man an den
Dalai Lama appellieren, nach Tibet zurückzukehren.

Im August 1979 trat eine kleine Gruppe von Exiltibetern über

DER PANCHEN LAMA

Der zweithöchste Lama der Gelugpa war 1959 in Tibet geblieben. 1962 schrieb er ein 70000 Schriftzeichen langes Protestdokument gegen die chinesische Politik und machte sich so zum Ziel einer von China verordneten Aggression. Nach siebzehn Tagen öffentlicher Demütigung in «Kampfsitzungen» wurde er bis zum Tod Maos 1976 wegen konterrevolutionärer Ansichten in Umerziehungslagern und Gefängnissen inhaftiert, musste später in Beijing leben und trotz seines Status als Mönch gegen seinen Willen heiraten. 1982 erlaubte man ihm erstmals wieder, Tibet zu besuchen. 1988 offiziell rehabilitiert, starb er am 28.1.1989, während er den Wiederaufbau seines Klosters Tashilhünpo überwachte, an einem Herzinfarkt. Dies geschah nur eine Woche nach seiner Äußerung, die Kulturrevolution sei die größte Katastrophe in der Geschichte Chinas, was Gerüchte um einen unnatürlichen Tod schürte. China verlor mit ihm einen wichtigen potenziellen Mittelsmann zum Dalai Lama.

Hongkong und Beijing die Reise nach Tibet an. China glaubte fest an einen klaren Erfolg und gestattete sogar ausländischen Journalisten die Mitreise. Doch die Erwartungen beider Parteien und auch die der beiden im nächsten Jahr reisenden Delegationen von Exiltibetern wurden enttäuscht: Die Exilanten zeigten sich schockiert angesichts der herrschenden Armut, die Chinesen waren vollkommen überrascht und entsetzt angesichts der überbordenden Freude und frenetischen Begeisterung, mit der die Tibeter die Gesandten des Dalai Lamas empfingen. In völliger Verkennung der Lage hatte man eher befürchtet, die von Ren Rong gepriesene Hingabe der Tibeter an den Kommunismus könnte zu unschönen Szenen gegenüber den Repräsentanten der ehemaligen «Unterdrücker» führen. Denn unter den Besuchern waren mit Lobsang Samten in der einen, Jetsun Pema in einer anderen Gruppe immerhin auch Mitglieder der Yapshi-Familie. Lobsang erinnert sich, wie sie durch eine Stadt in Amdo fuhren und die Autofenster etwas öffneten: «Alles war voller Menschen, die uns ihre Schals, Äpfel, Blumen zuwarfen ... Sämtliche Autofenster gingen zu Bruch. Sie kletterten auf die Wagendächer, drängten zu uns herein, und überall streckten sich uns Arme entgegen, die uns berühren wollten. Die Chinesen schrien: ‹Nicht aussteigen! Sie bringen euch um!› Und die Tibeter weinten und riefen: ‹Wie geht es dem Dalai Lama? Wie geht es Seiner Heiligkeit?› Wir schrien zurück: ‹Es geht ihm gut. Wie geht es euch?› [...] und auch wir fingen alle an zu weinen.»[209] In Lhasa spielten sich ähnliche Szenen ab, man zerfetzte Lobsangs Kleider, riss ihm Haare aus, um Erinnerungsstücke, ja beinahe Reliquien vom Bruder des schmerzlich entbehrten «Kostbaren Siegers» zu haben. Beijing wird erleichtert gewesen sein, dass der Dalai Lama eine für Ende 1980 vage in Aussicht genommene Besuchsreise absagte, nachdem seine Geschwister ihn von ihren Erlebnissen unterrichtet hatten. Nicht auszudenken, was seine Anwesenheit in Lhasa hätte auslösen können.

Die kritischen Berichte der tibetischen Delegationen auf ihrer Rückreise in Beijing sorgten dort für solchen Aufruhr, dass noch im Jahr 1980 Generalsekretär Hu Yaobang und Vizepremier Wan Li die Autonome Region Tibet besuchten, um sich selbst ein Bild zu machen. Die Lage erwies sich als weit dramatischer, als Hu Yaobang es sich vorgestellt hatte, weshalb er in einem Versuch, die Fehler der Vergangenheit wieder gutzumachen, den ultralinken Ren Rong sofort absetzte und Yin Fatang zum neuem Parteisekretär der Autonomen Region Tibet ernennen ließ. Ein weit reichendes Reformprogramm sollte zum einen die wirtschaftliche Lage verbessern, zum anderen Tibet wieder «tibetischer» machen: Chinesische Kader sollten abgezogen werden, einige Klöster wurden restauriert, individuelle Religionsausübung war endlich wieder erlaubt. *Die Chinesen haben das religiöse Leben so sehr unterbunden, dass das Ergebnis kontraproduktiv war. Selbst die älteren Tibeter sind vom Grad des religiösen Glaubens überrascht.* Insbesondere auch die Jugendlichen wenden sich heute mit großem Eifer der Religion zu. Die Versuche, diese zu fähigen und begeisterten Kommunisten zu erziehen, verliefen nach Einschätzung des Dalai Lamas hingegen weit weniger erfolgreich: *Unter der heutigen tibetischen Jugend gibt es keinen einzigen herausragenden Kommunisten. [...] Die jungen tibetischen Kommunisten sind ungebildete, einfältige Speichellecker. Einige können nicht einmal Tibetisch lesen. Verständlicherweise werden sie von den Leuten nicht respektiert und «Helikopter» genannt, weil sie so schnell befördert werden.*[210]

Noch bis 1984 zogen sich zaghafte Versuche hin, Verhandlungen über eine Rückkehr aufzunehmen. Gyalo Dhöndhup reiste zwölfmal als Vermittler nach Beijing und überbrachte Angebote nach Dharamsala, der Dalai Lama solle das indische Exil aufgeben und – finanziell versorgt und mit diversen Ehrenämtern versehen – künftig in Beijing leben, von wo aus er von Zeit zu Zeit Tibet besuchen dürfe. Selbstverständlich bliebe Tibet aber unter kommunistischer Herrschaft. Der exiltibetische Gegenvorschlag scheint die eigene Verhandlungsposition recht naiv überschätzt zu haben, vielleicht wegen der Beweise anhaltender Anhänglichkeit der tibetischen Bevölkerung an den Dalai Lama. Die Rückkehr des «Kostbaren Siegers» wollte man an die Schaffung eines entmilitarisierten, innenpolitisch autonomen Großtibets knüpfen. Die Idee war schön, aber von vornherein zum Scheitern verurteilt. Schließlich war China allein an der Stabilität und Legitimierung seiner Herrschaft in Tibet interessiert – nur deshalb sollte ja der Dalai Lama zurückkehren –, und gewiss nicht daran, den Griff um diesen Teil seines Territoriums zu lockern. *China lehrt uns Geduld*[211], fasste das «Juwel der Weisheit» die Verhandlungen zusammen. Oder anders gesagt: Die Gespräche verliefen im Sande. Aber bis der für Teile seiner Partei wohl zu liberale Hu Yaobang 1987 zum Rücktritt gezwungen und durch den immerhin gleichfalls pragmatischen Zhao Ziyang ersetzt wurde, blieben seine Reformen für Tibet in Kraft. Die wirtschaftliche Lage in der Autonomen Region Tibet verbesserte sich langsam, aber sichtbar. So musste der Dalai Lama fürchten, die Chinesen könnten wenn schon nicht die Herzen, so doch die Mägen der Tibeter gewinnen, und diese würden sich in ihr Los fügen. Um nicht das Risiko einzugehen, entbehrlich zu werden, und um die mit der «Tibet-Frage» verknüpften Hoffnungen und Emotionen am Leben zu erhalten, musste also eine neue Strategie eingeschlagen werden.

AUF DEM POLITISCHEN PARKETT

Etwa von 1987 an begann die tibetische Exilregierung durch eine breit angelegte Kampagne international präsent zu werden, in der Hoffnung, so Druck auf China ausüben zu können. Zuvor hatte sich der Dalai Lama weitestgehend politischer Äußerungen in der Öffentlichkeit enthalten. Damit war nun Schluss. Eine der ersten diplomatischen Reisen führte auf Einladung der Bundestagsabgeordneten Petra Kelly (DIE GRÜNEN) 1987 in die Bundesrepublik Deutschland. Den Regierenden kam dies sehr ungelegen. Der damalige Bundeskanzler Helmut Kohl (CDU) hatte im Sommer desselben Jahres als erster amtierender ausländischer Regierungschef im Rahmen einer offiziellen Chinareise Lhasa besucht und sich abfällig über die Verbindung von Menschenrechtsfragen mit diplomatischen Besuchen geäußert.[212] China war sehr erfreut, kam dieser Besuch doch einer offiziellen Anerkennung seines Anspruchs auf Tibet gleich, und so ist bis heute am Eingang des Potala ein Foto vom Besuch des deutschen Kanzlers zu sehen.

Wie Bundespräsident Richard von Weizsäcker (CDU) weigerten sich sowohl der Kanzler als auch Außenminister Klaus Kinkel (FDP), den Dalai Lama bei dessen Deutschlandbesuch zu empfangen. Völlig unverständlich ist diese Weigerung nicht, schließlich war das vorrangige Ziel deutscher Chinapolitik in dieser Zeit, die wirtschaftlichen Beziehungen zu fördern, denen ein Staatsempfang für den Dalai Lama mit Sicherheit geschadet hätte. Auch als es längst schick war, den Dalai Lama zu treffen, und er bereits vor dem Europäischen Parlament und vor Unterausschüssen des amerikanischen Kongresses sprechen durfte, verweigerten ihm westliche Regierungschefs offizielle Empfänge: Selbst der amerikanische Präsident und Tibet-Sympathisant Bill Clinton schickte 1998 seine Frau Hillary als Gastgeberin vor, um dann ganz privat bei deren Treffen mit dem Dalai Lama auftauchen zu können.[213]

In seiner ersten öffentlichen politischen Rede, gehalten vor dem amerikanischen Kongressausschuss für Menschenrechte in Washington am 22. September 1987, stellte der Dalai Lama erstmals einen «Fünf-Punkte-Friedensplan» für Tibet vor. Das Klima war günstig. Bereits im Juni hatte das Repräsentantenhaus eine Resolution verabschiedet, in der das an Tibet begangene Unrecht verurteilt und der US-amerikanischen Politik die Richtlinie vorgegeben wurde, die Anliegen der Tibeter zu unterstützen und sich für die Einhaltung der Menschenrechte in Tibet und den konstruktiven Dialog zwischen dem Dalai Lama und China einzusetzen. Präsident Ronald Reagan unterzeichnete die Resolution am 22. Dezember, und damit war sie bindend. Bundeskanzler Kohl bekräftigte derweil: «Tibet gehört zum chinesischen Staatsverband, das ist von allen Ländern der Welt anerkannt.»[214] Der Dalai Lama seinerseits hoffte, der

---

DER FÜNF-PUNKTE-FRIEDENSPLAN

1. Tibet soll zu einer Friedenszone erklärt werden.
2. Die massive Umsiedlung von Chinesen nach Tibet muss aufhören.
3. Die fundamentalen Menschenrechte und demokratische Freiheiten müssen respektiert werden.
4. Die großskalige Umweltzerstörung in Tibet muss gestoppt werden. Das Land darf nicht als Müllhalde für radioaktiven Abfall aus China oder westlichen Ländern missbraucht werden.
5. Ernsthafte Verhandlungen zwischen dem tibetischen und dem chinesischen Volk über den künftigen Status Tibets müssen aufgenommen werden.

---

deutsche Kanzler könnte privat eine andere Meinung haben, zeigte jedoch Verständnis dafür, dass *Herr Kohl und seine Regierung mit China zurechtkommen* und daher realistisch sein müssen: *Zur Zeit mag Tibet ja, basierend auf einer Lüge, Teil Chinas sein.*[215]

Der deutsche Bundestag zeigte sich engagierter. Am 15. Oktober 1987 verabschiedete er über alle Fraktionsgrenzen hinweg einstimmig und ohne Enthaltungen einen von den Fraktionen der CDU/CSU, SPD, FDP und der GRÜNEN gemeinsam eingebrachten Antrag: Die Regierung solle sich für ein Ende der Menschenrechtsverletzungen und einen Dialog mit dem Dalai Lama einsetzen. Dieser versuchte nun vor so viel Öffentlichkeit als möglich, Tibets strategische Lage ins Spiel zu bringen, und präsentierte sein Konzept eines entmilitarisierten Pufferstaates zwischen China, Indien und der UdSSR, für den *Tibet in seiner Gesamtheit, also die Ostprovinzen Kham und Amdo eingeschlossen, in eine Zone des Friedens und der Gewaltlosigkeit – was in Hindi mit dem Terminus «Ahimsa» bezeichnet wird – umgewandelt wird.*[216]

In ebendieser potenziellen Friedenszone fühlten sich einige Mönche durch seine Vorschläge, die ihren Weg über Radioprogramme der «Voice of America» und «BBC China» auch nach Tibet fanden, keine Woche später zu zunächst friedlichen Demonstrationen aufgerufen, die sich aber schnell ausweiteten und zu Unruhen und blutigen Auseinandersetzungen mit der chinesischen Staatsmacht ausarteten. Tote, Verletzte und Hunderte von Verhafteten waren die Folge.

Anfang April 1988 ging China erneut auf den Dalai Lama zu und erklärte, wenn dieser das Ziel der Unabhängigkeit aufgebe, sei auch Tibet – statt Beijing – als sein künftiger Aufenthalt denkbar. Zwei Monate darauf nannte er zum ersten Mal in einer öffentlichen Antwort seine Bedingungen. Diese 1988 in Straßburg vor dem Europäischen Parlament abgegebene Erklärung klingt für westliche Ohren zwar gefällig und nach einer idealen Kompromisslösung, verwirrte in ihrer Sprachregelung aber die chinesischen Machthaber und stieß auf große Ablehnung unter den Tibetern im Exil, besonders beim Tibetischen Jugendkongress.[217] Der frühere britische Premierminister Edward Heath, der britische Parlamentarier Lord Ennals und der ehemalige amerikanische Präsident Jimmy Carter hatten alle Tibet kurz zuvor besucht, die chinesische Herrschaft vergleichsweise unkritisch erlebt, dann den Dalai Lama persönlich getroffen und ihm geraten, einen Kompromiss mit den Chinesen zu suchen. Öffentlich erklärte er nun, den Anspruch auf Unabhängigkeit aufgeben zu wollen, wie es die Volksrepublik stets gefordert hatte. Dies anzubieten, war ein äußerst mutiger Schritt. Schließlich ist dieser Verzicht für die meisten Exiltibeter, insbesondere die im Exil geborenen unannehmbar, da die Unabhängigkeit, egal wie unrealistisch ihr Erreichen sein mag, in ihrer Bedeutung als Ziel beinahe mit dem buddhistischen Erwachen vergleichbar ist.

Auf Anraten seines juristischen Beraters Michael van Walt van Praag schlug der Dalai Lama als rechtliches Modell der Beziehung Tibets zu China das der (kündbaren) Assoziation vor und erinnerte an das Muster der «Chö-yön»-Beziehungen. China sollte die Außen- und Verteidigungspolitik übernehmen dürfen, Großtibet aber eine interne politische Identität sowie religiöse und politische Autonomie gewähren. Diese Regelung wäre für Tibet schlechter als Unabhängigkeit, aber besser als volle Integration. Sie erinnert an eine Mischung aus dem «Siebzehn-Punkte-Abkommen» von 1951 und dem «Ein-Land-zwei-Systeme»-Angebot Chinas an Taiwan, Hongkong und Macau. Die immerhin um das für viele Tibeter in und außerhalb Tibets zentrale Ziel der völligen Unabhängigkeit reduzierte Offerte bot ihr erkennbar kompromissorientiertes Oberhaupt nicht unüberlegt an: *Der Grund, weshalb ich Autonomie und nicht Unabhängigkeit fordere, ist: [...] Tibet ist in materieller Hinsicht zurückgeblieben, kein Zweifel. In*

moderner Bildung sind wir völlig rückständig, weil wir das stark
vernachlässigt haben. Wir Tibeter sind Schlusslichter, weil wir uns
nie umgesehen haben. [...] Ich sage den Tibetern oft, früher haben
besonders Mönche und die Äbte Leute aus dem Westen und westliche
Bildung für Feinde des Buddhismus gehalten. Nach deren Meinung
war Englisch zu lernen unserem dharma schädlich. (Auch in seiner
eigenen Erziehung wurde Englisch stark vernachlässigt, sodass er
auch heute noch meist auf Übersetzer zurückgreift.) *Das war da-*
mals die Einstellung und das war ein großer Fehler. Denken Sie an
Sun Yat-sen, die Chinesen lernten Französisch, Japanisch, Englisch
[...], wir Tibeter haben das völlig versäumt. [...] Im Namen der
Religion haben wir uns nicht um moderne Bildung gekümmert. Und
weil Tibet in dieser Hinsicht nachhinkt, brauchen wir viel Techno-
logie, Investitionen und Maschinen, und deshalb bleiben wir ein Teil
der Volksrepublik China, vorausgesetzt die chinesische Seite respek-
tiert unsere Kultur und gibt uns die Freiheit, unser Erbe zu er-
halten.[218]

Nach anfänglichem Interesse Chinas gewannen dort aber die
Hardliner die Oberhand, deren Überzeugung nach der Vorschlag
letzten Endes doch weniger partielle Autonomie meinte, sondern
auf getarnte Unabhängigkeit hinauslief. Zu Gesprächen war es
nicht gekommen. Ende des Jahres verschlechterten neue Auf-
stände in Lhasa die Stimmung in Beijing weiter. Die wahrscheinlich größte Chance zum ersten direkten Dialog aber vergab der
Dalai Lama Anfang 1989 selbst, als er auf Empfehlung seiner Berater eine (von der chinesischen Regierung angeregte) Einladung
der Chinesischen Buddhistischen Assoziation ausschlug, in Beijing an Feierlichkeiten für den unlängst verstorbenen Panchen
Lama teilzunehmen.

In Tibet kam es derweil zu weiteren Aufständen. China sah sich
zudem nach dem Tod Hu Yaobangs mit Trauerkundgebungen, insbesondere auf dem Tian-anmen-Platz in Beijing, konfrontiert, die

unversehens zu einer von Studenten und Arbeitern getragenen Demokratiebewegung anwuchsen. Ministerpräsident Li Peng, sich der Unterstützung durch die graue Eminenz Deng Xiaoping sicher, der damals Vorsitzender der Militär-Kommission war, verhängte daher im Mai den Ausnahmezustand über die Stadt und ließ den Platz vor dem «Tor des Himmlischen Friedens» in der Nacht vom 3. auf den 4. Juni 1989 mit Panzern räumen. Die genaue Zahl der Toten ist unbekannt.

Keine vier Monate später verkündete in Oslo das Nobel-Komitee unter dem Vorsitz von Egil Aarvik, dass man dem Dalai Lama den diesjährigen Friedensnobelpreis zugesprochen habe. Sicherlich kein Preis allein für den Dalai Lama, sondern wohl auch als Zeichen gegen Chinas brutale Niederschlagung der Demokratiebewegung gedacht. Die Tibeter waren von der Verleihung überwältigt, fast so, als bedeute der Preis die Wende zum Guten. So klang auch Tendzin Gyatsos Dankesrede sehr hoffnungsvoll, so, als könne eine Lösung der Tibet-Frage nicht mehr lange auf sich warten lassen: *Wir alle suchen*

Glück und versuchen, Leiden zu vermeiden. Wir haben die gleichen menschlichen Grundbedürfnisse und Sorgen. Alle Menschen wollen Freiheit und das Recht, ihr eigenes Schicksal als Individuen und Völ-

ker zu bestimmen. Das ist die menschliche Natur. Die großen Verän-
derungen, die überall in der Welt stattfinden, von Osteuropa bis Afri-
ka, sind ein eindeutiges Anzeichen dafür. In China wurde die allge-
meine Demokratiebewegung im Juni diesen Jahres von brutalen
Kräften zerschlagen. Aber ich glaube nicht, dass die Demonstratio-
nen vergeblich waren, weil der Geist der Freiheit im chinesischen
Volk wieder entzündet wurde, und China kann der Wucht dieses
Freiheitsgeistes nicht entkommen, der viele Teile der Welt mitreißt.[219]

Sicher war 1989 ein schicksalsträchtiges Jahr, doch der Dalai
Lama irrte sich in seiner Hoffnung. Zwar begann sich in Folge der
Politik des sowjetischen Staats- und Parteichefs Michail Gorbatschow der Eiserne Vorhang 1989 zu heben, und in Deutschland
fiel die Mauer, wobei der Dalai Lama selbst *zufällig an dem Tag in*
Berlin war, als Egon Krenz gestürzt wurde[220], zwar zog sich die
UdSSR aus Afghanistan zurück, zwar läutete in Südafrika ein erstes Treffen von Nelson Mandela und Präsident Pieter Willem
Botha das Ende der Apartheid in Südafrika ein. Aber China sah, sicher auch wegen dieser hohen Ehrung des Dalai Lamas, nur Gründe, fester zuzugreifen und nicht etwa lockerer zu lassen. War es
also ein Pyrrhussieg, dieser Friedensnobelpreis? Sicher gab er die
Initialzündung für einen immensen internationalen Popularitäts-
schub – wenngleich langfristig mehr für den Dalai Lama als modernen Heilsbringer in einem sinnhungrigen Westen als für die
Sache der Tibeter als solche. Der bilateralen Politik zwischen Exil-
tibet und China aber hat die Verleihung geschadet. Dass der Friedensnobelpreis ausgerechnet dem Dalai Lama zugesprochen wurde, konnte das stolze China wahrscheinlich nicht anders als eine
internationale Demütigung begreifen. So ist denkbar, dass der No-
belpreis die Chancen eines funktionierenden Dialogs mit China
wohl eher schmälerte als förderte und der Dalai Lama spätestens
durch seine auf die Verleihung folgenden weltweiten Kampagnen,
die das chinesische Unrecht laut anprangerten, die Kluft weiter

vergrößerte. *Völkermord* wirft er China vor.[221] Dort kontert man und nennt den Dalai Lama und seine «Clique» von nun an «Spalter» des Mutterlands. Diese neue Rhetorik wird bis heute durchgehalten, ergänzt durch Begriffe à la «Marionette ausländischer Kräfte»[222]. Allerdings ist es möglich, dass solcherlei chinesische Phrasen – «Auf den Maulbeerbaum zeigen, aber die Robinie verdammen» – auch als innenpolitisches Signal gemeint sind: Wenn der Dalai Lama als «Spalter» angeprangert wird, obwohl er für China zwar unangenehm, aber doch de facto ungefährlich ist, könnte dies auch als Warnung an jeden potenziellen tibetischen, mongolischen oder uigurischen Separatisten innerhalb Chinas gerichtet sein, der glaubt, die territoriale Einheit Chinas in Frage stellen zu können.

Politische Kontakte zwischen China und dem Dalai Lama schleppten sich noch bis 1993 hin, um dann für neun Jahre völlig abzubrechen. Von Rückkehrangeboten konnte keine Rede mehr sein, China versuchte vielmehr, den ehemaligen Herrscher Tibets durch schiefe Vergleiche zu diskreditieren. So äußerte Staatspräsident Jiang Zemin, 1997 zu Besuch beim amerikanischen Präsidenten Bill Clinton: «Die Befreiung der Schwarzen aus der Sklaverei ist durchaus mit der Befreiung der Tibeter aus der Sklaverei des Dalai Lama zu vergleichen.»[223]

Dann war es wieder einmal der inoffizielle Kontaktmann des Dalai Lamas zu China, sein Bruder Gyalo Dhöndup, der den Weg für eine Delegation der Exilregierung bereitete. Sie reiste im September 2002 zu Gesprächen mit der chinesischen Führung nach Beijing, «weil [diese] mit Blick auf die Olympischen Spiele 2008 und die Weltausstellung 2010 auf einen guten Ruf bedacht ist»[224], wie der mitreisende Kelsang Gyaltsen, EU-Gesandter des Dalai Lamas in Brüssel, nüchtern zusammenfasste. Ergebnis: keines. Der tibetische Schneelöwe und der chinesische Drache scheinen wieder in Winterschlaf gefallen zu sein. Sympathiebekundungen westlicher Politiker, denen nie Taten folgen werden, die die Wirtschaftsmacht China ernstlich verärgern könnten, erweisen sich lediglich als symbolischer Gewinn. Real verbessert hat sich durch die seit 1989 explosionsartig zunehmenden Ehrungen, weltumspannenden diplomatischen Reisen und Bestsellererfolge des Dalai Lamas und den im gleichen Maß wachsenden Spendengeldern jedoch höchstens die finanzielle Lage der Exilanten, nicht aber der Dialog mit China. Und auch nicht die Lebensumstände der Tibeter in Tibet.

DER SPIRITUELLE BOTSCHAFTER

Wenn Tendzin Gyatso, der vierzehnte Dalai Lama, sein bisheriges Leben Anfang der Neunziger resümierte, klang das so: *Als ich noch ein Kind war, geschah nicht viel. Im Alter von etwa vierzehn oder fünfzehn Jahren begann ich, mich ernsthaft für den Dharma [die buddhistische Lehre] zu interessieren. Dann kamen die Chinesen, und ich verbrachte viele Jahre in allen möglichen politischen Wirren. Ich ging nach China, und 1956 besuchte ich Indien. Danach kehrte ich nach Tibet zurück, und wieder verstrich durch die Beteiligung an politischen Angelegenheiten einige Zeit. Das Beste, an das ich mich erinnern kann, ist mein Geshe-Examen [...], nach dem ich mein Land verlassen mußte. Ich bin nun mehr als dreißig Jahre im Exil, und obwohl ich etwas Studium und Ausübung des Dharma zuwege gebracht habe, verstreicht der größte Teil meines Lebens müßig und ohne viel Nutzen.*[225] Eine erstaunlich offene Aussage, verrät sie doch deutlich, wie sich auch an anderen Stellen immer wieder bemerkbar macht, dass das eigentliche Anliegen des Dalai Lamas nicht die Politik, sondern die Religion ist. Und tatsächlich hat wohl kein tibetischer Buddhist vor ihm so viel dazu beigetragen, die Kunde vom tibetischen Buddhismus in der Welt zu verbreiten.

Angesichts seiner extensiven Reisetätigkeit in Sachen Spiritualität – oft ist er insgesamt die Hälfte eines Jahres unterwegs –, könnte man sich an den anderen großen Botschafter einer Religion erinnert fühlen, der ebenfalls Massenaufläufe hervorruft: Papst Johannes Paul II., der es in fünfundzwanzig Jahren Pontifikat ebenfalls auf über einhundert Auslandsreisen gebracht hat. Unabhängig vom Inhalt der Botschaften besteht jedoch ein formaler Unterschied: Der Stellvertreter Christi reist durch alle Kontinente, um die gut eine Milliarde Gläubigen seiner Kirche zu besuchen. Sieht man davon ab, dass sich weniger als halb so viele Menschen weltweit als Buddhisten bezeichnen – Schätzungen schwanken zwischen 250 und 500 Millionen – und die überwältigende Mehrheit davon den Dalai Lama nicht als ihr Oberhaupt betrachtet, zeichnet sich bei dessen Reisen eine Bevorzugung westlicher Unterstützerländer ab, allen voran Deutschland, die USA und die Schweiz. Tibeter gibt es in diesen Ländern jedoch insgesamt nur einige tausend. Bei Massenveranstaltungen im Westen, wie etwa im Central Park in New York im August 1999 mit über 40000 Besuchern, spricht der Dalai Lama oft vor Publikum, das kaum ernstlich als fest im tibetischen Buddhismus verankert bezeichnet werden kann.

Die Erwartungen seines jeweiligen Publikums haben selbstverständlich Auswirkung auf den Inhalt seiner Reden. So entdeckt man in der Art, wie er mit seiner Umwelt kommuniziert, deutlich die verwirklichte buddhistische Lehrtechnik, Botschaften an die geistigen Fähigkeiten der jeweiligen Hörenden anzupassen – die Klaviatur bleibt prinzipiell gleich, die Partituren variieren in ihrem Schwierigkeitsgrad. Dies ermöglicht es dem Dalai Lama, bei Veranstaltungen mit illustren Naturwissenschaftlern wie etwa Carl Friedrich von Weizsäcker, Fritjof Capra, David Bohm, Gregory Bateson, Rupert Sheldrake oder Francisco Varela von einer buddhistischen Warte aus in höchstem Maß interessiert, kenntnisreich und scharfsinnig mal über die Natur des menschlichen Geistes, mal über Traum, Schlaf und Tod als Grenzbereiche des Bewusstseins zu debattieren. Und beispielsweise zu überlegen, warum es seinem buddhistischen Verständnis nach technisch nicht auszuschließen ist, dass es eines Tages intelligente Computer geben könnte – nicht durch künstliche Intelligenz, sondern dadurch, *daß ein vorhandener Bewußtseinsstrom in den Computer eintritt, wenn die entsprechenden äußeren und karmischen Bedingungen gegeben sind. [...] Solch eine Wiedergeburt wäre dann halb Mensch, halb Maschine.*[226] Oder er ermutigt Wissenschaftler wie Herbert Benson, messbare physische Auswirkungen meditativer Praxis zu erforschen, etwa im Rahmen der Ausübung der Meditationstechnik «Tummo». Dabei lernt der Praktizierende, seine Körpertemperatur willentlich um mehrere Grad Celsius zu erhöhen, eine im kalten Tibet nicht unpraktische Fähigkeit.[227]

Einen anderen, eher professoralen Dalai Lama trifft man bei Veranstaltungen in buddhistischem oder zumindest universitärem Milieu, bei denen er als gelehrte Autorität des tibetischen Buddhismus auftritt und unter Beweis stellt, dass er über eine umfassende Kenntnis und ein tiefes Verständnis der überlieferten alten Texte verfügt und diese klar und prägnant darzulegen vermag.

Am anderen Ende des Spektrums finden sich schließlich leicht verständliche, von buddhistischen Fachausdrücken und esoterischem Wissen weitgehend gereinigte, gleichermaßen standardisierte Vorträge für eine dritte Partei, nämlich die der zwar aufrichtig Interessierten, aber bis dato noch weitgehend Ahnungslosen. Veranstaltungen für diese Gruppe folgen meist einem bestimmten dreiteiligen Muster: *Zunächst einmal spreche ich als Mensch über das, was ich als universale Verantwortung bezeichne. Darunter verstehe ich die Verantwortung, die wir gegenüber unseren Mitmenschen, gegenüber allen denkenden und fühlenden Wesen und schließ-*

lich gegenüber der Natur haben. Nächster Punkt ist es, einen Beitrag zu einem besseren Verständnis und zu *mehr Harmonie zwischen den verschiedenen Religionen zu leisten. Es ist nämlich meine feste Überzeugung, daß alle Religionen das Ziel haben, die Menschen menschlicher zu machen, und daß sie, trotz der bestehenden philosophischen Unterschiede, die teilweise fundamental sind, alle der Menschheit helfen wollen, glücklich zu werden. Das soll aber nicht heißen, daß ich irgendeine «Weltreligion» oder «Superreligion» befürworte. Vielmehr sehe ich Religion als eine Art Medizin. [...] Da nicht jeder dieselben spirituellen «Leiden» hat, benötigt man verschiedene spirituelle Arzneien. Drittens und letztens spreche ich als Tibeter und besonders als Dalai Lama über mein Land, mein Volk und meine Kultur, wenn jemand Interesse daran äußert.*[228]

Besonders bei der letzten Form, den allgemein ethischen Vorträgen, die mehr auf die Propagierung weltweit als positiv erachteter Grundwerte denn explizit buddhistische Fragestellungen abzielen, ist nicht immer leicht auszumachen, wo Publicity-Anliegen enden und der Wunsch nach ernsthafter Verbreitung der buddhistischen Lehren beginnt. Den Vorwurf der Naivität in religiösen Belangen und der fälschenden Vereinfachung muss man im Zweifelsfall eher dem westlichen Publikum machen, das sich leicht verständliche Weisheiten, Seelenbalsam, Lebenssinn und Glück, vor allem aber schnelle spirituelle Erfolgserlebnisse vom beliebtesten aller modernen Heilsbringer erhofft. Und das sich rasch mit einigen seiner leichter verdaulichen Ausführungen zufrieden gibt, die tatsächlich aber nur als eine erste Einführung zu verstehen sind. *Manchmal kamen Leute, die mich sehen wollten und eine Art Wunder von mir erwarteten. Das ist völlig verkehrt, das ist eine Illusion. Ich habe das Gefühl, daß solche Dinge einem mangelhaften Bewußtsein entspringen. Sie geschehen aus Unwissenheit.*[229] Wer «Buddhismus light» bestellt, bekommt auch vom Dalai Lama nicht mehr als Binsenweisheiten. Er selbst wundert sich durchaus, dass viele

Menschen im Westen zu glauben scheinen, es gebe beschleunigende Abkürzungen auf dem Pfad zur Erleuchtung, sodass man *innerhalb von ein, zwei Wochen eine spirituelle Erfahrung erlangen kann. Doch das ist Unfug.*[230] Immerhin hat sich Tibet vor vielen Jahrhunderten bewusst für das indische System der stufenweisen Erleuchtung und gegen die chinesische buddhistische Vorstellung einer möglichen plötzlichen Erleuchtung entschieden.

Über seine eigenen spirituellen Fortschritte hingegen spricht der Dalai Lama kaum. In der Mitte der 1960er Jahre scheint er im Hinblick auf die Leerheit und den Erwachensgeist eine bestimmte Schwelle überschritten zu haben. *Aber das ist wirklich eine sehr persönliche Sache. Jeder, der sich wirklich um seine religiöse Praxis kümmert, muß darüber Schweigen bewahren.*[231]

Wahrscheinlich tut Tendzin Gyatso jedoch generell gut daran, seine Vorträge (und viele der in seinem Namen veröffentlichten Bücher) allgemein, oft an der Grenze zur Unverbindlichkeit zu halten. Denn zum einen scheint er, vielleicht zu Recht, zu glauben, der Westen habe die einfachsten Regeln für ein gleichermaßen glückliches und ethisches Leben vergessen, zum anderen muss er gewissermaßen Pionierarbeit für den tibetischen Buddhismus leisten. Auch zeigen die im Anschluss an Vorträge an ihn gerichteten Fragen, dass sein Publikum oft nicht nur die tiefsinnige Theorie und Praxis seiner Religion ergründen will, sondern einfach wissen möchte: «Hat die Art, wie Sie gekleidet sind – Ihr nackter Arm –, eine religiöse Bedeutung?»[232], «Wie schafft man es, vom Alkohol loszukommen?»[233], «Welche Botschaft geht Ihrer Meinung nach von Landschaften aus?»[234]

Ebenfalls erstaunlich wirken Fragen an diesen ökonomisch nicht geschulten Mann, der zudem nie selbst mit Geld umgehen musste, nach Lösungsvorschlägen für die Verschuldungsprobleme von Entwicklungsländern und für die allgemeine Ungerechtigkeit der Weltwirtschaftsordnung.[235] Seine Haltung ist dann bestenfalls die eines verwunderten Betrachters: *Ich höre die schlechten Wirt-schaftsmeldungen aus Malaysia, Indonesien, Hongkong oder Japan. Aber ganz ehrlich, ich habe keine Ahnung, was der Dow Jones ist. Mir bleibt das ein Rätsel: Das Ganze ist von Menschen gemacht – und im Krisenfall sieht es so aus, als hätte der Mensch jegliche Kontrolle ver-loren. Das ist doch verrückt!*[236] Auch für Fragen der internationalen Politik, solange sie nicht den Tibet-China-Konflikt betreffen, ist er nicht unbedingt der ideale Adressat. Insbesondere seine zweite Autobiographie offenbart hier entweder eine gewisse Naivität – statt realistischer politischer Analysen finden sich hier vielmehr Aufzählungen berühmter Politiker oder Persönlichkeiten, die er getroffen hat und von denen er durch die Bank *beeindruckt* ist (sein anderes großes Kompliment, etwa an Vaclav Havel, den ehe-maligen tschechoslowakischen Präsidenten, lautet *bescheiden*). Oder aber seine tatsächliche (oder zumindest für seine öffentli-chen Aussagen verordnete) Sanftmut in Verbindung mit dem Glauben an das Beste im Menschen macht scharfe und wertende Aussagen gar nicht erst möglich.

Wer also falsche, vielleicht sogar ungerechte Erwartungen hegt und den Dalai Lama beispielsweise gerne als Weltpolitiker oder Wirtschaftsweisen sähe, mag denn auch etwas enttäuscht sein, dass sich sein Expertentum eben doch stark auf den tibetischen Buddhismus beschränkt. Aber zumindest so viel macht er im öko-nomischen Bereich klar: Zwar hält er übertriebenes Anhäufen von Geld für nicht sinnvoll, denn *aller Reichtum* ist *substanzlos wie ein Tautropfen auf einem Grashalm*[237], der nach Sonnenauf-gang schnell verdunstet. Es ist jedoch nicht zwingend verwerflich, Geld zu verdienen. *Ich glaube schon, daß es möglich ist, dies mit einer richtigen Lebensführung in Einklang zu bringen. Auch Tibeter müssen Geld verdienen. Ich zur Zeit ganz besonders – mit der Exilre-gierung! Unser Defizit für dieses Jahr [1993] beträgt über zwei Mil-lionen Dollar! Ich bin deshalb sehr, sehr besorgt.*[238] Mittlerweile sollte

zur finanziellen Sorge kein Anlass mehr bestehen, denn der Dalai
Lama ist heute längst Auflagenmillionär, seine Bücher sind Best-
seller. Neben zwei Autobiographien gehören dazu gleichermaßen
buddhistische Fachliteratur und allgemein gehaltene Ratgeber zur
Lebensführung – Literatur für jede Lebenslage. Nicht selten han-
delt es sich aber nicht um ursprünglich als Bücher konzipierte
Texte, sondern um überarbeitete Abschriften und Übersetzungen
von Vorträgen oder Unterweisungen, oft mit Interviews und Pu-
blikumsfragen durchsetzt. Entstehungsort, -zeit und -anlass spielen daher durchaus eine Rolle für Verständlichkeit und den the-
matischen Schwerpunkt – mal mehr Buddhismus, mal mehr
allgemeine Ethik. In seinem Regal stehen daher «echte Bücher»,
wie das klar geschriebene, außerordentlich kompakte «Blo gsar
mig 'byed»[239] von 1963, das einen Überblick über buddhistische
Theorie und Praxis für tibetische und westliche Leser geben soll,
die nicht die Möglichkeit haben, die indischen und tibetischen
Texte im Original zu lesen. Daneben dann Abschriften von leichter lesbaren, aber im Charakter dennoch buddhistischen Unterweisungen vor indischem Publikum in Manali 1989, wo die *Lehr-
weise, die ich hier anwenden werde, vor allem auf diejenigen
ab[zielt], die nicht an Religion glauben*, und außerdem gezeigt
wird, *wie man Interesse an Religion im allgemeinen und am Buddhismus im besonderen wecken kann.*[240] Interessant ist ein weiteres
Genre, nämlich das der «Dialog»-Bücher. In gelungenen Dialogen
legt der Dalai Lama dabei etwa den Buddhismus durch Annäherung an die Naturwissenschaften als vernünftige Religion dar. In
misslungenen Fällen können die Fragen länger als die Antworten
sein.[241] Abgerundet wird das Spektrum insbesondere seit Ende der
1990er Jahre durch einen geradezu explosionsartigen Anstieg ty-
pischer «Nachttisch»-Bücher mit kleinen freundlichen Lebens-
weisheiten, die derart allgemein gehalten sind, dass sie (mit Erlaubnis des Verlags, aber ohne Zustimmung des Dalai Lamas) in

Auszügen auch schon in der «Bild»-Zeitung nachgedruckt wurden.[242] Diese hat seit etwa 2002 ihr Herz für ihn als den besten aller Verkünder von Glück und Trost entdeckt: «Der Dalai Lama gibt Arbeitslosen Kraft und Mut.»[243] Hörbücher, Kalender, DVDs ergänzen die Möglichkeiten, sich den Dalai Lama und seine Weisheiten für kleines Geld ins Haus zu holen.

Die inhaltliche Redundanz in den Büchern des Dalai Lamas mag dem intellektuellen, auf Neues erpichten Geist vielleicht ermüdend erscheinen, ist aber bei der kompilierenden Texterstellung ursprünglich mündlichen Materials unausweichlich. Doch erklärt er etwa in «Die Freude friedvoll zu sterben und zu leben», dass diese Wiederholungen nicht zufällig geschehen: *Ich habe nichts zu sagen, was nicht schon zuvor gesagt wurde. Lesen Sie also dieses Buch nicht einfach, um neue Erkenntnisse zu gewinnen, sondern versuchen Sie, meine Erläuterungen zur Umwandlung Ihres Geistes zu nutzen. Es reicht einfach nicht aus, etwas schon zuvor gehört oder gelesen zu haben; Sie sollten sich wiederholt bemühen, es in Ihrer spirituellen Praxis anzuwenden, denn nur dann werden Ihnen diese Unterweisungen wirklich nützen.*[244] Die Botschaft ist also im Grunde stets die gleiche. Es geht nicht darum, in jedem Buch bahnbrechend Neues zu präsentieren, sondern darum, verschiedene Facetten buddhistischer Ethik immer wieder neu darzustellen. Mal soll ein buddhistisches (gläubiges) Publikum profitieren, mal mit allgemein formulierten ethischen Konzepten oder der Darlegung des Buddhismus in säkularer Sprache – mehr professoral denn priesterlich – ein nichtbuddhistisches Publikum angesprochen werden. Diese Anpassungsfähigkeit bringt ihm immerhin sogar Einladungen zu Kirchentagen und wissenschaftlichen Kongressen ein.

Was der Dalai Lama fordert und fördert, ist nicht weniger als eine «Ethik für das neue Jahrtausend». Dabei geht es um *globale Verantwortung* und *universale Prinzipien*, nach denen im Grunde alle Menschen (und alle anderen fühlenden Lebewesen) danach streben, glücklich zu sein und Leiden zu vermeiden.[245] *Meine Botschaft an alle ist: Nächstenliebe, ein gutes Herz und Mitgefühl. Das ist meines Erachtens der Kern dessen, was alle Religionen predigen.*[246] Aus der Universalität dieses Ansatzes können durchaus Probleme für den Buchautor Dalai Lama entstehen: Der britische Verlag Little, Brown & Co. erwog 1998, ihn zu verklagen, weil er für sie an einem Selbsthilferatgeber mit dem Arbeitstitel «Handbook for Living» beteiligt war, zugleich aber mit einem anderen Verlag sein Buch «Ethics for the New Millenium» vorbereitete, das weitgehend denselben Stoff enthalten sollte.[247] Erschienen ist dann nur das zuletzt genannte Werk. Es fordert nicht nur die individuelle spirituelle Revolution jedes Einzelnen, sondern regt beispielsweise auch die Einrichtung einer globalen Institution für Fragen der Moral an. In einer solchen ethischen «Überwachungseinrichtung» sollen *Künstler, Banker, Umweltschützer, Juristen, Dichter, Akademiker, religiöse Denker und Schriftsteller genauso wie gewöhnliche Männer und Frauen mit einer allgemeinen Reputation der Integrität und Hingabe an fundamentale ethische und menschliche Werte*[248] vertreten sein.

Für seine Entwürfe einer besseren, warmherzigeren, glücklicheren Welt schätzt man ihn, für sein uneitles, fröhliches Auftreten liebt man ihn, man hält ihn für glaubwürdig und gütig. Doch scheint sich die westliche Welt noch nicht entschieden zu haben, was er alles sein soll: «Religiöse Pop-Ikone» («Focus»), «Buddhas bester Mann» («Stern»), «Antiserum zum grassierenden Kapitalismus» («New York Times») sind einige seiner neuen Titel. Man will nicht nur seine Weisheit und seinen Witz, man will einen lachenden Dalai Lama zum Anfassen, dem man Fragen nach der Anzahl seiner Roben und modischen Brillen stellen darf, einen aufgeklärten, modernen buddhistischen Lehrer und zugleich einen entrückten heiligen Zeremonienmeister, der über mythisches Wissen verfügt und geheime Initiationen vollzieht. Er selbst sieht diesen weiten Erwartungshorizont und das wachsende Interesse, das dem Buddhismus im Westen entgegengebracht wird, gleichermaßen gelassen. *Ich messe dem keine besondere Bedeutung bei, es freut mich aber, daß es inzwischen weltweit mehr als fünfhundert tibetisch-bud-dhistische Zentren gibt, viele davon in Nordamerika und Europa. [...] Ich bin immer froh, wenn jemand aus der Anwendung buddhistischer Methoden einen Nutzen zieht; was aber den Wechsel von einer Religion zur anderen betrifft, sollte sich der Betreffende dies zuvor sehr gut überlegen.*[249]

Gerade die zunächst scheinbar leichte Zugänglichkeit des Buddhismus à la Dalai Lama darf man nicht falsch verstehen. Zwar kann jeder unabhängig von der eigenen Religion eine Eintrittskarte für die Großveranstaltungen seiner religiösen Unterweisungen lösen, aber unüberlegt an einer Initiation teilzunehmen, die er im Rahmen dieser Einführungen oder Zeremonien anbietet, sollte man tunlichst vermeiden. Denn *wenn eine Initiation erfolgt ist, hat der Betreffende große Verantwortung, die Gelöbnisse und Gelübde einzuhalten*[250]. Wo im Christentum Katholiken und Protestanten noch immer nicht gemeinsam das Abendmahl feiern dürfen, zeigt sich der tibetische Buddhismus zunächst weniger streng. Ein Christ, der sich bereits mit buddhistischen Lehren beschäftigt hat, mag nach der Auffassung des Dalai Lamas etwa die Bodhisattva-Gelübde ablegen, deren Selbstverpflichtung zu einem ethischen Lebenswandel inhaltlich nicht mit christlichen Überzeugungen kollidiert. Man kann also *zu Anfang Buddhismus und Christentum gleichzeitig praktizieren.* In einem späteren Stadium wird die doppelte Religionspraxis aber fraglich, ja unmöglich, allein schon deshalb, weil der Buddhismus keinen Schöpfergott kennt. *Erreicht man eine bestimmte Stufe der buddhistischen Praxis, besteht ein maßgeblicher Aspekt des Weges im wirklichen gelebten Wissen um die Leerheit. Die Vorstellung von Leerheit und die von einem absoluten Schöpfer sind, denke ich, schwer miteinander vereinbar.*[251] Vor einem voreiligen Wechsel der Religionszugehörigkeit warnt der Dalai Lama ausdrücklich – und verschafft sich wahrscheinlich gerade durch diese nichtmissionarische Haltung neue Sympathisanten. *Im allgemeinen halte ich es für besser,* rät er seinem Publikum, *wenn Sie eine Ihrem traditionellen Hintergrund gemäße Religion ausüben, und sicher können Sie dabei manche buddhistische Technik gebrauchen. Sie müssen sich nicht die Lehre von der Wiedergeburt und die ganze komplizierte Philosophie zu eigen machen. Nutzen Sie einfach gewisse Techniken, damit sich Ihre Geduld, Ihr Mitgefühl, Ihre Bereitschaft zur Vergebung verstärken.*[252]

Natürlich ist es nicht ganz so *einfach,* diese Techniken anzuwenden. Aber um überhaupt Interesse zu wecken, muss der Dalai Lama zunächst versichern, dass Fortschritte in greifbarer Nähe sind. Man sollte dies gewiss nicht so verstehen, dass er den tibetischen Buddhismus als sorglos zu plündernden, spirituellen Selbstbedienungsladen anbieten will. Ernsthafte Auseinandersetzung ist durchaus gefordert. So kritisiert er, wenn auch recht milde, *eine gewisse Tendenz* bei den neuen Dharma-Praktizierenden des Westens: *Sie sind darauf erpicht, an Initiationen teilzunehmen, ohne zuvor eine kritische Untersuchung vorgenommen zu haben.*[253] Wahrscheinlich kennen sie nicht das tibetische Sprichwort «*Was die Schüler betrifft, so sollen sie sich nicht auf einen Meister stürzen* wie ein Hund auf ein Stück Fleisch», formuliert er an anderer Stelle vergleichsweise drastisch und warnt, dass jeder, bevor er eine spirituelle Bindung zu einem Meister eingeht, *alles reiflich überlegen und seine Qualitäten testen*[254] soll. Es scheint vertrackt: Wenn sich die Neu-Buddhisten dann allerdings nach reiflicher Überlegung irgendwann für einen bestimmten Meister entschieden haben, fällt ihm wiederum oft *eine gewisse Tendenz zum Sektierertum*[255] auf, das seinerseits zu übertriebenem Personenkult führen kann. Dabei gibt es für solche Fälle, so erklärt er, doch die auf den Buddha zurückgehende Selbsthilferegel: *Verlaß dich nicht auf die Person, sondern auf die Lehre. Was die Lehre angeht, so verlaß dich nicht auf die Worte, sondern auf deren Bedeutung. Bei der Bedeutung wiederum verlaß dich nicht auf die verschieden auslegbare, sondern auf die endgültige. Um diese maßgebliche Bedeutung zu erfahren, soll man sich nicht auf den normalen Bewußtseinszustand verlassen, sondern man muß sie mit einem vertieften Bewußtsein der Weisheit verstehen. Deshalb kann die Richtigkeit der Lehren nicht nach der Person beurteilt werden, die sie verkündet; man muß die Lehren selber erforschen.*[256]

Auch beschäftigt ihn, dass unter dem Deckmantel des tibetischen Buddhismus vereinzelt *ungute Situationen* und *Schwierigkeiten* auftreten, die gleichermaßen *auf ein Übermaß an blindem Glauben von seiten der Schüler zurückzuführen sind, aber auch auf gewisse Lehrer, die aus der Abhängigkeit ihrer Schüler Vorteil gezogen haben. Das hat gelegentlich zu Skandalen, zu sexuellem oder finanziellem Mißbrauch geführt.* Er mahnt daher nachdrücklich, *nicht zu vergessen, daß es unser Ziel ist, den Dharma in makellosem Zustand zu bewahren.*[257] Und dann wären da auch noch gewisse *Übertreibungen auf tibetischer Seite*, was den Nutzen bestimmter Übungen angeht, *man sagt zum Beispiel, nach dieser Initiation wirst du lange leben und deine Gesundheit wird sich bessern. Aber erst mal müssen die Tibeter selbst demonstrieren, dass sie lange leben!*[258]

Doch der Bedarf nach Initiationen ist da, und auch wo wenig buddhistische Vorkenntnisse vorhanden sind, vollzieht sie der Dalai Lama dennoch. Die im Westen bekannteste ist die «Kalachakra»-Initiation, in die er von seinem Lehrer Ling Rinpoche eingeführt wurde und die er selbst 1981 erstmals auch im Westen abhielt. Mit der mehrtägigen Initiation in das «Rad der Zeit» will er *nicht nur Einblick in die tibetische Denk- und Lebensweise geben, sondern auch einen inneren Beitrag zum Weltfrieden leisten*[259]. Erst die Initiation ermöglicht eine erfolgreiche Auseinandersetzung mit den Lehren des Kalachakra. Dessen Lehren sind in der Textsammlung des Kalachakra-Tantra gegen Anfang des 11. Jahrhunderts niedergelegt worden. Es beschreibt das physische Universum, also Phänomene wie Raum und Zeit, es erläutert psychische Vorgänge und Funktionsweisen von inneren Energiebahnen im menschlichen Körper und erklärt Meditationsgottheiten, mit deren Eigenschaften der Meditierende sich zu identifizieren übt. Dass die bei einer Kalachakra-Zeremonie Anwesenden, sei es etwa in New York (1991), Barcelona (1994) oder Graz (2002), allesamt über die nötigen Kenntnisse im Bereich der grundsätzlichen buddhistischen Prinzipien verfügen, nämlich Erfahrungen in *der Entsagung oder dem Streben nach Befreiung, dem Erleuchtungsgeist und der Ansicht der Leerheit,* ist unwahrscheinlich. Daher hält der Dalai Lama die vorbereitenden Erklärungen, die er an drei Tagen vor der eigentlichen Initiation gibt, für den eigentlich wichtigsten Teil, denn *da geht es wirklich um die echten buddhistischen Inhalte. Nachher, wenn das Kalachakra-Ritual dann abläuft, ist man doch meistens in Eile, die Ritualpunkte alle durchzubekommen, und kann nicht mehr so auf die Inhalte eingehen.* Er gibt offen zu, dass er die Popularität der Kalachakra-Initiation durchaus auch als Möglichkeit sieht, ein möglichst großes Publikum versammeln zu können – im indischen Bodhgaya etwa kamen im Jahr 1986 200000 Menschen zusammen. *Und wenn sie alle da sind, nutze ich die Gele-*

genheit, in den vorbereitenden Erklärungen auf das einzugehen, was mir wirklich wichtig ist. Aber anscheinend sind einige noch cleverer als ich. Die lassen nämlich die vorbereitenden Erklärungen aus, sparen sich diese drei Tage und kommen nur noch zur Initiation.[260]

Die Zeremonie selbst ist sehr kompliziert und besteht aus vielen verschiedenen vorbereitenden Reinigungs- und Segnungsritualen, bevor man sich meditativen Versenkungsübungen widmet. Während der Initiation streuen Mönche zudem aus bunt eingefärbtem Sand ein großes mehrfarbiges «Mandala» als bildhafte Meditationshilfe, die den Geist auf seiner bevorstehenden Reise lenken soll. Nach außen begrenzt von einem Kreis, sieht man in dessen Innerem geometrische Formen, die einen eigentlich dreidimensional zu denkenden Palast darstellen, in dessen Mitte die Gottheit Kalachakra wohnt. Allein der Anblick des Mandalas soll positive Auswirkungen auf den Geist des Betrachters haben, ja schon die Anfertigung dieses Sandbilds hat günstige Auswirkungen für die ganze Welt. Das bedeutet, man *muss nicht bei der Kalachakra-Zeremonie dabei sein, um von ihren Wohltaten zu profitieren*[261]. Von den Worten des Dalai Lamas kontinuierlich geführt, stellen sich die tatsächlich anwesenden Initianden vor, von außen nach innen Schritt für Schritt durch diesen «Sandpalast» zu schreiten und immer tiefer hineinzugelangen. Auf dieser Reise ins Innere treffen sie kleinere «Gottheiten», die verschiedene emotionale Eigenschaften oder Bewusstseinszustände repräsentieren, mit denen die Adepten sich geistig auseinander setzen sollen. Schließlich im Herzen des Palastes angelangt, sollen sie sich selbst als die Gottheit Kalachakra visualisieren. Damit haben sie die Initiation erlangt, von nun an Meditationstechniken des Kalachakra üben zu können mit dem Ziel, die nach Vorstellung des tibetischen Buddhismus subtilste Ebene des Bewusstseins eines jeden Lebewesens, den Geist des «Klaren Lichts», von seinen irdischen Befleckungen zu reinigen. *Denn solange dieses grundlegende Bewusst-*

seinskontinuum mit Befleckungen versehen ist, [...] so lange spricht man von uns als Lebewesen [...], welche die Buddhaschaft noch nicht erreicht haben. Wenn wir jedoch in der Lage wären, dieses grundlegende Bewusstsein von seinen Befleckungen zu befreien [...], dann wären wir Buddhas.[262]

Als Text scheint sich das Kalachakra-Tantra auf mehrere Weisen lesen zu lassen. Heute ist eindeutig die rein spirituelle Deutungsweise vorherrschend, Inhalt des Tantras sei der Kampf gegen innere Konflikte, gegen «Befleckungen» des Geistes, etwa durch Gier, Hass und Stolz, die den Menschen zu schlechten Handlungen verleiten. Andererseits lässt sich der Text jedoch auch als (tatsächliche) Verteidigung des als Wiege des Kalachakra-Tantra geltenden Königreichs «Shambhala» gegen einen von Barbaren geführten Angriff lesen. Denn dereinst soll es zu einem großen endzeitlichen Kampf kommen, und inmitten von Krieg und Zerstörung wird aus Shambhala ein weltrettender Herrscher erscheinen, der dann das gesamte Universum in gerechter Weise regieren und ein goldenes Zeitalter einleiten wird. Ob es sich bei Shambhala um einen mythischen oder einen realen Ort handeln soll, ist umstritten, der Dalai Lama selbst scheint zu glauben, dass es dieses Reich tatsächlich gibt.[263] Wenn man nun den geschichtlichen Hintergrund betrachtet, vor dem die Legende entstand, kann es bei den in dieser Prophezeiung geschilderten Schlachten durchaus auch um den Wunsch nach religiöser Vorherrschaft gehen. Entstanden sind die Kalachakra-Texte nämlich ungefähr zu der Zeit, als die Muslime Asien eroberten und allein in Indien so viele buddhistische Klöster zerstörten, dass der Buddhismus in seinem Mutterland erlosch. Die kriegerischen Passagen in Kalachakra-Texten – immerhin finden wir detaillierte Beschreibungen für die im letzten Kampf gegen die Barbaren einzusetzenden Waffen und Wurfgeschosse – beziehen sich also wohl nicht nur auf «innere Dämonen», mit denen es zu ringen gilt, sondern auch auf Feinde aus Fleisch und Blut. Diese historisch erklärbare Komponente nun aber so auszulegen, als beabsichtige ein in Wahrheit machtbesessener, dämonischer Dalai Lama die Weltherrschaft an sich zu reißen, um eine «Buddhokratie» zu errichten, wie einige seiner schärfsten Kritiker zu entlarven versuchen, ist völlig haltlos, ja absurd.[264]

Aber Mythen und Legenden können auf unterschiedliche Weisen gefährlich sein. Denn auch die positive romantische Verklärung, die Tibet – wohlgemerkt das «alte», also «echte», «religiöse» Tibet der Zeit vor 1959 – als verborgenes Paradies im Westen erfährt, ist nicht unbedingt ein Segen. Es beeinflusst die Selbstwahrnehmung und Identitätsbildung der etwa 130000 Tibeter im Exil und ignoriert zugleich die massiven Veränderungen, denen sich die Mehrheit der Tibeter in Tibet ausgesetzt sieht. Schließlich ist vom geheimnisvollen «Land der Lamas» wenig übrig, nur ein Bruchteil der Tibeter lebt heute in Klöstern, da man nur mit Regierungserlaubnis Mönch oder Nonne werden darf und China kein Interesse an einem umfassenden Wiederaufleben der monastischen Tradition hat. Zwar durften im Sommer 2004 zum ersten Mal seit 16 Jahren Mönche im heiligsten Tempel Lhasas, dem Jokhang, Vorprüfungen zum Geshe Lharampa ablegen. Kandidaten waren aber lediglich sechs Mönche. Das Durchschnittsalter: über siebzig. So begreift sich die Exilgemeinde mit ihren einigen tausend Mönchen und Nonnen denn auch als Hüterin der authentischen tibetischen Kultur. Aber eine so traditions- und facettenreiche Kultur und Geisteswelt nicht nur als museale Folklore zu bewahren, sondern zu modernisieren und dadurch überlebensfähig und lebendig zu erhalten, ist ein schwieriges Unterfangen. Insbesondere dann, wenn sie nur von so wenigen Menschen getragen wird wie den Exilanten und diese nicht einmal alle im selben Land leben. Unbestreitbar werden nicht nur die Tibeter in Tibet von der fremden chinesischen Kultur und Sprache beeinflusst, auch die

Tibeter im Exil können (und wollen) sich der Alltagskultur ihrer jeweiligen Gastländer nicht entziehen. So hat die Diaspora auch Auswirkungen auf die tibetische Sprache – selbst die jüngste Schwester des Dalai Lamas hat Schwierigkeiten, Tibetisch zu lesen, und verfasste ihr Rücktrittsgesuch von ihrem Posten als Ministerin für Erziehung auf Englisch, weil sie sich darin wohler fühlt als im Tibetischen.[265]

Wer nun durch das Herz der Exilgemeinde, den oft auch «Little Lhasa» genannten kleinen Ortsteil McLeod Ganj von Dharamsala wandert, Popmusik auf Hindi und Tibetisch im Ohr, fühlt sich zuweilen tatsächlich an Lhasa erinnert. Wahrscheinlich aber nicht ausschließlich auf die erhoffte Weise. Dass die Architektur in McLeod Ganj größtenteils nicht traditionell tibetisch ist, erscheint verständlich, schließlich hatte man ein ehemals indisches Dorf bezogen. Lhasa hingegen wirkt heute eher wie eine typisch chinesische Stadt mit einem kleinen tibetischen Altstadtviertel. Manche Institutionen und Tempel der Exilanten tragen in McLeod Ganj dieselben Namen wie in der Heimat, mit dem Ergebnis, dass man hier wie dort Mönche im «Tsuglakhang» beten sieht. Es ist jedoch die Ausrichtung auf touristische Bedürfnisse, in der sich die beiden «wahren Tibets» am ähnlichsten sind. Beide verkaufen Gebetsmühlen und tibetische Rollbilder als Souvenirs, dem «Khana Nirvana Café» Dharamsalas steht in Lhasa das «Third Eye Restaurant» als Pendant gegenüber. Und in beiden Fällen sind es nicht in erster Linie Tibeter, die von den Sehnsüchten der Besucher profitieren, sondern in Dharamsala indische Geschäftsleute und in Lhasa nepalesische oder chinesische Unternehmer. Wie aber das heutige Lhasa mit den Träumen der Exiltibeter in Einklang zu bringen ist, bleibt offen. Denn wenn sie mit Sehnsucht von «Lhasa» oder «Tibet» sprechen, dann entsteht in erster Linie der Eindruck von einer Heimat im Geist, einem unerreichbaren Shangrila. Welche realen Probleme auftreten werden, sollten sie denn eines Tages nach Tibet zurückkehren – viele sind schließlich schon im Exil geboren –, kann man sich vielleicht in Analogie zu den Schwierigkeiten von Ost- und Westdeutschen miteinander vorstellen. Je westlicher dabei das Umfeld, umso problematischer wäre wohl eine Rückkehr: Wer will und kann ein Nomade mit einem Jahreseinkommen von 120 Euro werden, wenn er am Zürichsee groß geworden ist? Tatsächlich haben seit den von Hu Yaobang 1978 eingeleiteten Lockerungen chinesischen Angaben zufolge bereits 55000 der von China als «Übersee-Tibeter» bezeichneten Exilanten Verwandte in Tibet besucht. Dort geblieben sind aber gerade mal tausendfünfhundert.[266] Andere Länder scheinen für manchen Tibeter dann doch attraktiver: *Mir wurde erzählt, dass einige Tibeter so darauf erpicht sind, nach USA auszuwandern, dass sie mogeln, zum Beispiel verkleiden sich Laien als Mönche und gehen so zur amerikanischen Botschaft*[267], denn dann können sie geltend machen, aus religiösen Gründen verfolgt worden und deshalb aus Tibet geflohen zu sein. Auch wenn sie vielleicht schon in Indien geboren wurden und Tibet nie mit eigenen Augen gesehen haben.

POP, POLITIK, PUBLIC RELATIONS

Einer der heute vielleicht einflussreichsten, ganz sicher aber lautstärksten Förderkreise Tibets entdeckte seinen neuen Liebling erst vergleichsweise spät. Doch seit Mitte der 1990er war der Dalai Lama plötzlich äußerst hip in Hollywood. Früh ein Begriff war er sicher in den Kreisen um die amerikanische Schauspielerin Uma Thurman, deren Vater Robert Thurman Anfang der 1960er als erster Westler zum Mönch tibetischer Tradition ordiniert und später Professor für Tibetologie an der Columbia-Universität in New York wurde und dem Dalai Lama seit langem nahe steht.

Auch der Schauspieler und Langzeitbuddhist Richard Gere unterstützte die Sache Tibets vergleichsweise früh durch öffentliche Stellungnahmen und eine eigens gegründete Stiftung. Den Boom des tibetischen Buddhismus in Hollywood förderten dann aber gleich zwei Filme aus der Traumfabrik, die sich 1997 zum großen Ärger Chinas dem Geschehen auf dem Dach der Welt widmeten. Eine Drehgenehmigung für Tibet bekamen beide Produktionsgesellschaften selbstverständlich nicht. Zuerst lebte Brad Pitt als Heinrich Harrer «Sieben Jahre in Tibet». In diesem hauptsächlich in den Anden gedrehten Film von Jean Jacques Annaud spielt mit Jetsun Pema (als ihre eigene «Filmmutter») sogar ein leibhaftiges Mitglied der Yapshi-Familie mit. Dann zeigte Regisseur Martin Scorsese vor der Kulisse Marokkos seine Version von Auffindung und Jugend des «Kundün» bis zur Flucht. Der Dalai Lama selbst sah das Drehbuch mehrmals durch. *Mein Fazit: Im großen und ganzen ist die Geschichte richtig. Gewisse Elemente gehören bei einem Hollywood-Werk wohl einfach dazu. Das ist so auch okay.*[268]

Mit Paul Newman, Ethan Hawke, Goldie Hawn, Oliver Stone, George Lucas und Bernardo Bertolucci, der mit «Little Buddha» (1993) die Reihe der populären Buddhismusfilme eingeleitet hatte, rechnen sich weitere Filmschaffende zu den Unterstützern des Dalai Lamas. Und in einem 1997 weltweit gezeigten Kinospot mit dem Titel «Warum schweigen wir?» rezitierte ein illustrer Reigen aus Schauspielern und Musikern wie Harrison Ford, Richard Gere, Julia Roberts, Alanis Morissette, Sting und dem «Beastie Boy» Adam Yauch Teile der allgemeinen Menschenrechtsdeklaration der Vereinten Nationen zur Unterstützung Tibets.

Muss man sich den Dalai Lama deshalb als einen im Namedropping geübten, spirituellen Jetsetter mit einem Adressbuch voller Telefonnummern von Freunden aus dem internationalen Showbiz vorstellen? Wohl kaum: «Sie brauchen Seine Heiligkeit nicht nach Steven Spielberg oder Sharon Stone zu fragen», so sein Privatsekretär Tenzin Geyche Tethong in einem Interview, «er hat sie zwar getroffen, aber die Namen sagen ihm nichts mehr.»[269] Ähnlich ergeht es dem ehemaligen Supermodel Cindy Crawford, immerhin Exfrau des Dalai-Lama-Freundes Richard Gere, *einer unserer wichtigsten und stärksten Unterstützer*, aber *der Name der Frau sagt mir gar nichts*[270].

Verwunderlich ist dies eigentlich nicht, wenn man bedenkt, dass er bei seinen weltweiten Auslandsreisen manchmal bis zu 42 Termine pro Tag absolviert: Audienzen, Abendessen, Einweihungen, Empfänge, Fototermine, Interviews und Vorträge; Händeschütteln mit Gruppen, Privatpersonen, Religionsvertretern und Politikern. Organisiert werden alle diese Termine von seinem Büro, und diesem ist denn wahrscheinlich im Zweifelsfall auch mehr als ihm selbst anzulasten, wenn im Rahmen des von ihm koordinierten Public-Relation-Programms einige dieser Kontakte nicht unbedingt dem entsprechen, was man von einem religiösen Oberhaupt erwarten würde. Denn zuweilen scheint es, als fehle es dem Beraterstab des Dalai Lamas ein wenig an Erfahrung oder es mangele an Zeit, potenzielle Gesprächspartner, Unterstützer und zu unterstützende Projekte zu prüfen. Man scheint der Devise zu folgen: Viel hilft viel. Das kann dazu führen, dass der Dalai Lama, sobald die richtigen Schlagwörter fallen («Tibet», «Buddhismus»), seine Unterschrift unter die Vorworte unzähliger Bücher setzt, die er weder alle gelesen haben kann, noch können sie unmöglich alle seinen eigentlichen Ansprüchen genügen. So entsteht der Eindruck, dass er vergleichsweise leicht vor einen Karren zu spannen ist: Wenn die Etiketten stimmen und sympathische Ziele («Weltfrieden», «Umweltschutz», «Interreligiöser Dialog») versprechen, erklärt er sich gerne bereit, Schirmherr oder Ehrenmitglied zu werden. Beispielsweise wurde er Ehrenmitglied des «Club of Budapest» und befindet sich hier in guter Gesellschaft mit prominenten Persönlichkeiten wie Michail Gorbatschow oder der früheren Bundestagspräsidentin Rita Süssmuth. Dass bei dieser Institution die Grenzen zwischen dem Anspruch wohlgemeinter Weltverbesserung und diffusen, aber harmlosen New-Age-Zielen, etwa der Förderung eines «planetarischen Bewusstseins», fließend verlaufen, scheint nicht nur ihn wenig zu stören. Dass er sein Konterfei, gut bezahlt, für die «Think-Different»-Werbekampagne der Computerfirma Apple hergab, irritierte hingegen nicht wenige Exilanten, und so trat er von diesem Vertrag wieder zurück. Und dann wäre da noch ein ganz besonderes Interview: Zwar steht der Dalai Lama damit in einer illustren Reihe von Persönlichkeiten, aber die Ansprüche an John Lennon, Bill Gates, Jimmy Carter oder Yassir Arafat sind eben anders als an diesen tibetischen Mönch, und ein «Playboy»-Interview[271] des zölibatären Religionsführers hätte man nicht unbedingt erwartet. Es bleibt die Frage, ob dies die Art von PR ist, die er, die Tibet braucht.

Noch zweischneidiger erweist sich seine prinzipielle Freundlichkeit und Unvoreingenommenheit anderen Religionen und Sekten gegenüber, zumindest im Rückblick. Unabhängig davon, wie harmlos der Inhalt der Gespräche gewesen sein mag, wundert man sich als Außenstehender heute doch über Fotos, die den Dalai Lama mit dem Japaner Shoko Asahara zeigen. Ende der 1980er will ebendieser im Himalaja Erleuchtung erlangt haben, und es wurden ihm in dieser Zeit mehrere Male private Audienzen beim Dalai Lama in Dharamsala gewährt, schließlich hatte Asahara Geld gespendet. Anhänger von Asaharas Sekte «Aum Shinrikyo» verübten 1995 einen Giftgasanschlag auf die Tokioter U-Bahn. Dabei starben zwölf Menschen, über fünftausend wurden verletzt, Asahara selbst wurde 2004 der Anstiftung zu diesem Verbrechen schuldig gesprochen und zum Tod verurteilt.

Kritik, wenn auch leise, kommt zuweilen auch aus den tibetischen Reihen. Sie betrifft aber zumeist die Exilregierung als Ganzes, kaum den Dalai Lama persönlich. «Die Exilregierung schlägt aus den westlichen Klischees Kapital, verhindert eine Entmythologisierung, eine kritische Auseinandersetzung mit der eigenen Geschichte»[272], kritisiert etwa Jamyang Norbu, der ehemals im tibetischen Jugendkongress engagierte Kodirektor des tibetischen Kulturinstituts Amnye Machen. Ebenso problematisch ist es, dass zwar «hundert Prozent unserer Tibeter Seine Heiligkeit als Helden verehren, jedoch nur rund zehn Prozent auf das hören, was er sagt»[273], wie der jüngste Bruder Tendzin Chögyal anmerkt. Dass die tibetische Exilgemeinschaft an ihrer Kritikfähigkeit noch arbeiten muss, mahnt auch Phuntsog Wangyal an, ein in London lebender Tibeter, der zeitweise Abgeordneter der Nationalversammlung war: «Wenn die Leute freiheraus reden, werden sie sofort aus der Gemeinschaft ausgegrenzt, und zwar in [des Dalai Lamas] Namen. Und das Risiko geht niemand ein.»[274]

WAS DIE ZUKUNFT BRINGT

Innerhalb und außerhalb Tibets wächst die nächste Generation von Tulkus heran: Der aktuelle Karmapa XVII., höchste spirituelle Autorität der Karma-Kagyü-Schule, wurde 1986 geboren, der heutige Panchen Lama Gendün Chökyi Nyima XI. und sein Gegen-Panchen Gyaltsen Norbu wurden 1995 gefunden. Dazu gesellt sich der jüngste Reting Rinpoche VII., dessen Auffindung nur zwei Tage nach der Flucht des Karmapa aus seinem Kloster Tsurphu Ende Dezember 1999 bekannt gegeben wurde.

Seit es 1998 die traditionelle Praxis zur Auffindung von Tulkus offiziell wiederbelebte, hat China in den ersten drei Jahren acht neue Tulkus öffentlich anerkannt.[275] Wenn man die Religiosität schon nicht auslöschen kann, will man sie wohl wenigstens steuern. Dazu beruft man sich in China wieder einmal auf die

Geschichte: Dass Machthaber Chinas sich in religiöse Angelegenheiten Tibets einmischten, geschah erstmals zur Zeit des Qianlong-Kaisers (reg. 1736–95), als dessen legitime Nachfolger sich die kommunistischen «Roten Kaiser» präsentieren. Ob die Einmischung areligiöser Parteikader die fundamentale Bedeutung der spirituellen Aspekte bei der Auffindung von Tulkus aushöhlt, wird man wohl allein an der Akzeptanz dieser Tulkus in der gläubigen Bevölkerung messen können. Für alle Tibeter nachvollziehbar verläuft die Auffindungspraxis schließlich auch außerhalb des kommunistischen Tibets nicht immer. So fragte die exiltibetische Zeitung «Mangtso» 1995 angesichts ungewöhnlicher Inkarnationen wie der des Thubten Yeshe, der als Kind spa-

DIE FLUCHT DES KARMAPA

Auch der gegenwärtige 17. Karmapa, Urgyen Trinle Dorje, ein Tulku der ältesten, bis ins 12. Jahrhundert zurückreichenden Inkarnationslinie und Oberhaupt der Karma-Kagyü-Schule, floh am 28. Dezember 1999 als damals Vierzehnjähriger aus seinem tibetischen Kloster Tsurphu über den Himalaja, zunächst zum Dalai Lama nach Dharamsala. Zwar wurde er als erster Tulku sowohl von China als auch vom Dalai Lama als echte Inkarnation anerkannt, doch gibt es innerhalb seiner Schule eine Fraktion um den hochrangigen Shamar Rinpoche, die einen Mönch namens Thaye Dorje für den echten Karmapa hält. Politische Ambitionen hat Urgyen Trinle nicht, vielmehr beschränkt er sich, dem Wunsch des Dalai Lamas folgend, darauf «dass ich die buddhistischen Lehren und die spirituellen, kulturellen Traditionen Tibets verbreite und damit der Menschheit und dem Weltfrieden einen Dienst erweise».

nischer Eltern reinkarnierte: «Wie kann es möglich sein, dass dies tibetischer Buddhismus ist?»[276] Ebenfalls etwas verblüffend kam die Anerkennung des aus Martial-Arts-Filmen bekannten Actionstars und Aikido-Meisters Steven Seagal. Dem damaligen Mittvierziger bestätigte das ebenfalls im Exil lebende Oberhaupt der Nyingmapa-Tradition, Penor Rinpoche, im Jahr 1997, er sei Tulku des Mönchs Chungdrag Dorje. Auch gefälschte Anerkennungsschreiben, die angeblich der Dalai Lama ausgestellt haben soll, sind vereinzelt aufgetaucht.[277] Grund zur Aufregung ist all dies für den Dalai Lama jedoch kaum, denn zur Überprüfung der Echtheit von Tulkus, gleich wo sie gefunden werden, gibt es schließlich einige einfache Hinweise: *Der eigentliche Zweck einer freiwilligen Reinkarnation ist, daß sie zu etwas Gutem führt. Ohne ein solches gutes Ergebnis ist sie zweifelhaft.*[278]

Wichtiger als Fragen nach der Authentizität des jeweiligen Tulkus, die sich so gesehen von selbst erweisen wird, scheint jedoch die Frage, was China dadurch gewinnt, wenn es sich an solchen religiösen Praktiken beteiligt. Denkt man an die Auffindung des zweithöchsten tibetischen Lamas, des Panchen Lamas, entsteht der Eindruck, es könne sich um einen Testlauf handeln: Was wird die chinesische Regierung daran hindern, dereinst im eigenen Land einen ihren Vorstellungen entsprechenden fünfzehnten Dalai Lama zu finden und zu inthronisieren? Da mag der vierzehnte Amtsinhaber beharrlich äußern, *seine Reinkarnation wird definitiv in einem freien Land stattfinden, nicht in chinesischen Händen.* Wenn sie denn überhaupt stattfindet: *Vielleicht bin ich der letzte Dalai Lama.*[279] Zeichnet sich schon jetzt ein Propagandakrieg um ein noch gar nicht geborenes Kind ab?

Im Fall des wiedergekehrten Panchen Lama hätte die Anerkennung beinahe in tibetischem und chinesischem Einvernehmen geschehen können. Am 14. Mai 1995 hatte der Dalai Lama im Haupttempel Dharamsalas unter Gebeten für dessen langes Leben offiziell Gendün Chökyi Nyima als neuen Panchen Lama anerkannt. Lange hatte es gedauert, ihn zu finden. Bereits bald nach dem Tod des zehnten Panchen Lamas 1989 hatte man begonnen. Zu den Auswahlprozessen des Dalai Lamas gehörten zunächst das Sichten einer Liste (zumeist mit Fotos) von Kandidaten aus der Gegend um Dharamsala und Ladakh in Indien, aber auch aus Tibet. Welche Merkmale er suchte, hat er nicht öffentlich benannt.[280] 1991 erklärte er jedoch zumindest, der Junge sei in Tibet geboren worden.

Dort suchten Mönche des Tashilhünpo-Klosters unter ihrem Abt Chatral Rinpoche ebenfalls nach dem kleinen Panchen Lama. China schien an einem möglichst «tibetischen» Ablauf interessiert gewesen zu sein – und damit auch an der Zustimmung des Dalai Lamas. Man gestattete daher dem als regierungstreu eingestuften Chatral Rinpoche, Gyalo Dhöndup in Beijing zu treffen und über diesen im Juli 1993 einen Brief an den Dalai Lama zu schicken. In diesem Schreiben schilderte Chatral den Stand der Suche, erläuterte etwa, dass bereits zwei heilige Seen (darunter auch der, in dem Reting Rinpoche einst Hinweise auf den Dalai Lama sah) besucht worden seien, um Aufschluss über den jungen Panchen zu erhalten. Es gab in dieser Sache also durchaus Kontakt zwischen Tibet und Dharamsala, und beide Parteien bemühten sich tatsächlich nach Kräften, den richtigen Kandidaten zu identifizieren. Der Dalai Lama befragte – wie stets bei wichtigen Entscheidungen – das Staatsorakel und benutzte verschiedene andere traditionelle Methoden der Vorhersage, etwa Würfel und die Tsampaball-Technik: Zettel mit den Namen der Kandidaten werden in kleine Bällchen aus «Tsampa» (Gerstenbrei) gesteckt. Unter Anrufungen soll sich der Ball mit dem Namen der wahren Inkarnation bewegen. Beide Methoden erbrachten dasselbe Ergebnis: *Ich dachte «dieser ist es ganz sicher» und traf meine Entscheidung.*[281] Und kurz gab es tatsächlich Grund zu großer Freude: Der am 25. April 1989 geborene Gendün Chökyi Nyima ist auch der von Chatral Rinpoche respektive der chinesischen Regierung favorisierte Junge! Warum der Dalai Lama «unter großem Druck seitens der Lamas aus Tibet und Indien, die ihn zu einer Entscheidung drängten»[282], so Gyalo Dhöndup, dann allerdings am 14. Mai 1995 noch vor den Chinesen öffentlich bekannt gab, Gendün Chökyi Nyima als neuen Panchen Lama anzuerkennen, ist nicht leicht zu verstehen. War es der Versuch einer Machtdemonstration in spirituellen Angelegenheiten? Denn dass er nicht zunächst insgeheim Zustimmung signalisierte und die Chinesen als Erste offiziell die Auffindung des Panchen Lama verkünden ließ, muss für Außenstehende angesichts des weiteren Verlaufs der Geschichte beinahe verantwortungslos erscheinen. Wäre es nicht vielleicht klüger gewesen, zunächst die Anerkennung der chinesischen Regierung abzuwarten, damit dem wahren Panchen Lama sein Amt sicher sei? Schließlich befand sich der Sechsjährige im Machtbereich Chinas. Die Reaktion der Chinesen, als Gyalo Dhöndup sie telefonisch von der offiziellen Anerkennung Gendün Chökyi Nyimas durch den Dalai Lama in Kenntnis setzte, ist nicht gänzlich unvorhersehbar gewesen: «Sie schäumten vor Wut. Sie brüllten mich an, Seine Heiligkeit habe die chinesische Regierung nicht konsultiert und würde sich in die Politik einmischen.»[283] Als Reaktion wurde Chatral Rinpoche verhaftet und jahrelang ins Gefängnis geworfen, Gendün Chökyi Nyima an einen bis heute unbekanntem Aufenthaltsort verschleppt und mittels eines Losverfahrens ein Junge aus kommunistischer Familie zum Panchen Lama gekürt. Das tibetische Volk scheint sich nicht recht mit diesem Ersatz anfreunden zu können, der zudem nicht in seinem Stammkloster Tashilhünpo, sondern in Beijing ausgebildet wurde, und so sieht man heute in Tibet überall nur Bilder des verstorbenen zehnten Panchen Lamas. Aber angesichts der Aussicht, dass der Panchen Lama dereinst eine wichtige Rolle bei der Suche nach einem neuen Dalai Lama spielen kann, wird China die mangelnde Begeisterung des Volks wohl verschmerzen können.

Dabei ist die Frage, wie die Nachfolge für Tendzin Gyatso geregelt werden wird, etwa ob es eine traditionsgemäße Suche nach dem nächsten Dalai Lama überhaupt geben wird, alles andere als geklärt. Und denken wir zurück an seine Jugend: Kaum vorstellbar scheint es heute, dass man nochmals ein Kind von klein auf so erzöge wie ihn. Wieder würde an die zwei Jahrzehnte ein Regent, kein Dalai Lama herrschen. Der vierzehnte Dalai Lama selbst bringt daher eine Alternative ins Spiel: *Bis jetzt basierte die Auswahl auf der Reinkarnationstheorie. Ich denke, der Dalai Lama sollte auf Basis der Seniorität ausgewählt werden. Es gibt eine andere Möglichkeit: die Institution des Papstes. Nachdem der Papst verschieden ist, wird sein Nachfolger gewählt.*[284] Es ist unklar, ob die Tibeter dies akzeptieren würden. Sicher ist jedoch, dass nach dem Tod Tendzin Gyatsos schwere Zeiten auf die tibetische Sache zukommen, wenn die Nachfolgefrage nicht pragmatisch geregelt wird. Nicht nur weil sich die Chinesen einmischen könnten: «Wenn der Dalai Lama stirbt, wird es Chaos geben», prophezeite etwa Pema Lhundup vom Tibetischen Jugendkongress gegenüber einem Reporter von «Asiaweek» im Juli 2000. «Die angestaute Frustration gegen die chinesische Besetzung wird von Seiner Heiligkeit kaum im Schach gehalten. Sein Ableben könnte der Funke sein, der einen Aufstand entzündet.»[285] Viel nutzen wird er kaum, seit «Krieg gegen den Terror» weltweit befürwortet wird. Unter dieser Devise ließe sich sicher jede separatistische Bewegung in Tibet mit staatlicher Gewalt bereits im Keim ersticken. Verloren hätten wieder die Tibeter.

Ist es nicht pietätlos, so öffentlich über den Tod des Dalai Lamas und seine Folgen zu spekulieren? Nicht unbedingt, denn Tod ist im Buddhismus kein Tabu. *Als Buddhist glaube ich,* versichert Tendzin Gyatso, *daß das Erlebnis des Todes von größter Wichtigkeit ist. Gerade beim Sterben kann es nämlich zu den tiefsten und heilsamsten Erfahrungen kommen.*[286] Aber nicht nur der eigene, auch der Tod anderer Menschen kann solche Erfahrungen auslösen. Bereits der Buddha riet den frühen Mönchen gezielt zu Meditationen auf Leichenfeldern, um sich angesichts verwesender Körper in drastischer Weise der Vergänglichkeit allen Daseins bewusst zu werden. Auch Tendzin Gyatso setzt sich mit dem Sterben intensiv auseinander: *Als ich hörte, daß meine Mutter starb, das war eine richtige Erfahrung für mich. [...] Ich sagte ihr ganz klar: «Wir alle müssen sterben, es gibt keinen Ort, an dem man sich verstecken kann. Nicht nur du, jeder muß diesen Weg gehen.»* Unter religiös eingestellten Menschen kann man offen über solche Dinge sprechen. Bei anderen, auch wenn du weißt, daß er oder sie sterben wird, mußt du immer noch so tun, als seien sie gesund. Also sagte ich meiner Mutter: *«Du bist alt. Früher oder später mußt du sterben. In der letzten Minute ist die wichtigste Sache, daß du keinerlei Anhaftungen hast.»*[287] Keine Anhaftungen an «mein» Leben, kein Klammern an «meine» Lieben soll man sich gestatten, ja überhaupt kein «ich» und «mein» denken, vielmehr gelassen und gleichmütig dem Tod entgegentreten. Akzeptierende, maßvolle Trauer sollen auch die Hinterbliebenen üben, denn übermäßige Trauer ist nur ein Zeichen egoistischen Hängens an dem, der uns verlassen hat. Dem Dalai Lama selbst scheint dieses Loslassen nur einmal ein wenig schwerer gefallen zu sein. Als 1981 nach seiner Mutter auch Lobsang Jinpa, genannt Ponpo, der «Boss», starb, der ihn als persönlicher Koch vom ersten Tag im Potala bis ins Exil nach Dharamsala begleitet hat, weinte der Dalai Lama: *Die meisten Säugetiere halten das Wesen, das sie ernährt, für das wichtigste in ihrem Leben. Genauso ging es mir mit Ponpo. Ich wusste, dass meine Lehrer wichtiger waren als mein Koch, aber gefühlsmäßig war ich ihm am engsten verbunden. Er war meine Mutter, mein Vater, meine ganze Familie. Als meine Mutter starb, war ich traurig, aber ich weinte nicht. Aber als Ponpo starb und ich auf seinen toten Körper hinunterblickte, da musste ich weinen.*[288]

Mit seinem eigenen Tod geht er gelassener um, mal scherzhaft – *Ich verrate Ihnen ein Geheimnis: Ich esse so viel Honig, daß die Gefahr besteht, daß der 14. Dalai Lama als Biene wiedergeboren wird*[289] –, mal einfach nur pragmatisch: *Da ich ihm ohnehin nicht entrinnen kann, sehe ich keinen Grund, mir Sorgen darüber zu machen. Für mich ist der Tod so wie das Wechseln der Kleider, wenn sie alt und zerschlissen sind.*[290] Ganz so lapidar ist die Angelegenheit natürlich nicht. Die Auseinandersetzung mit dem Tod ist elementarer Bestandteil seiner spirituellen Praxis. Er weiß: Wenn er stirbt, wird er nach der buddhistischen Lehre wie jeder Mensch zunächst einen Zustand jenseits des Todes, aber vor der nächsten Wiedergeburt erreichen. Schrittweise verfallen die fünf Gruppen von Bestandteilen, die seine menschliche Erscheinungsform ausmachen: Körper, Empfindungen, Wahrnehmungen, Willensimpulse und Bewusstsein vergehen, und mit ihnen schwindet die irdische Wirklichkeit. 49 Tage währt dieser Zustand, in dem das Bewusstsein unterschiedlichste Erscheinungen wahrnimmt: Lichtphänomene, mal friedvolle, mal zornige Gottheiten. Wenn das Bewusstsein sich an die Anweisungen hält, die ihm in dieser Zeit von Mönchen vorgelesen werden (oder die es zu Lebzeiten geübt hat), kann es Befreiung des eigenen Geistes erlangen.[291] *Was mich selbst angeht, bin ich noch nicht sicher, ob ich im Augenblick des Todes all die Übungen wirklich anwende, mit denen ich mich vorbereitet habe. Niemand kann mir das garantieren! Trotzdem empfinde ich manchmal, wenn ich an den Tod denke, fast so etwas wie Aufregung. Statt Angst befällt mich eher ein Gefühl der Neugier, und dies macht mir den Gedanken an den Tod wesentlich leichter.* Sorge hat er nur, was nach seinem Tod aus Tibet werden wird. *Ansonsten habe ich sehr wenig Angst vor dem Tod. [...] In meiner täglichen Gebetspraxis visualisiere ich acht verschiedene Gottheiten und acht verschiedene Tode.*[292]

Doch noch fühlt er sich weit davon entfernt zu sterben, seine Gesundheit scheint robust zu sein, und Attentate wurden bislang auch nicht auf ihn verübt. Seine Träume deuten darauf hin, dass er hundertdreizehn Jahre alt werden wird – *Ich weiß, das ist völlig unwissenschaftlich*[293] –, und so hält er zumindest neunzig für ein realistisches Ziel. Unklar aber ist, wie lange er noch für Tibet und den tibetischen Buddhismus auf Welttournee wird gehen können. Es wäre also an der Zeit, sich intensiv über die Zukunft Gedanken zu machen. Gyalo Dhöndup, seit langem interessiert an einem Kompromiss, der eine Rückkehr des Dalai Lamas und der Exilanten nach Tibet noch in diesem Leben möglich macht, mahnt zur Eile: «Seit Jahren predige ich [den Tibetern], dass Seine Heiligkeit alt wird, dass ich alt werde; unsere Tage sind gezählt, und die Chinesen warten nur darauf, dass wir sterben. Wir müssen etwas Solides erreichen, bevor Seine Heiligkeit stirbt. Gelingt uns das nicht, dann werden wir bald genauso hybrid sein wie schon heute Hunderte und Tausende von Tibetern südlich des Himalaya. Halb Inder und halb Tibeter.» Als einer der wenigen sich öffentlich äußernden Exiltibeter scheint er aber auch die Dringlichkeit zu sehen, um der Tibeter in Tibet willen zurückzukehren und zu helfen, deren Lebensstandard und Bildung zu verbessern. «Aber wenn ich solche Sachen sage, beschuldigt man mich, pro-chinesisch zu sein.»[294] Auch der älteste der Brüder, Thubten Jigme Norbu, sieht eine große Gefahr darin, dass man sich im Exil zu behaglich einrichte und darüber vergesse, dass man einst ein eigenes Land besaß. Seine Schlussfolgerungen sind denen Gyalo Dhöndups aber diametral entgegengesetzt: «Wenn wir mit den Chinesen reden, dann nur von gleich zu gleich und nicht unter Bedingungen, die China diktiert. [...] Wir Tibeter dürfen keinen Zentimeter nachgeben, wenn wir unsere Unabhängigkeit wiederhaben wollen. [...] Vielleicht wird es zehn Jahre dauern oder hundert oder vielleicht etliche Generationen.»[295] Eigentlich aber sei die Zeit, um «mit der chinesischen Regierung, dieser Diebesbande, zu verhandeln», vorbei. Es gelten die Parolen: «China raus aus Tibet! [...] Tibet muss unabhängig sein!»[296]

Zwischen diesen Polen innerhalb seiner eigenen Familie versucht der Dalai Lama eine Hoffnung zu nähren, die ebenfalls auf den Faktor Zeit setzt: *Das derzeitige totalitäre System [Chinas] kann sich nicht mehr lange halten. Irgend etwas wird sich tun: entweder bricht das Ganze zusammen, oder es wandelt sich. Ich hoffe auf den Wandel, denn da entsteht nicht so viel Chaos. Wenn es in*

*diesem riesigen Land Auseinandersetzungen gäbe, wäre das Blut-
vergießen ungeheuer.*[297]

Die Zukunft des politischen Systems in China ist wohl nicht vorhersagbar. Dass sich zumindest die Menschenrechtslage schrittweise verbessern wird, ist nicht unwahrscheinlich. Aber freiwillig wird kein wie auch immer sich wandelndes China irgendeines der von Minderheiten bewohnten Gebiete in die Unabhängigkeit entlassen, da gerade dort stattliche Mengen natürlicher Rohstoffe lagern und der Großteil von Fleisch und Milch produziert wird. Angesichts einer über gemeinsame Wirtschaftsinteressen vermittelten Annäherung Indiens und Chinas müssen die Tibeter im Exil zudem besorgt sein, ihren Gastgebern unbequem zu werden, sollten sie weiter weltweit die Werbetrommel für ihre politischen Ziele rühren.

Vielleicht aber ist eine Lösung in diesem Leben doch möglich, denn immer wieder gibt es Gerüchte über Geheimverhandlungen, die einen Besuch des Dalai Lamas in Tibet vorbereiten sollen. Die neue Führung mit Präsident Hu Jintao (der als Parteisekretär der Autonomen Region 1989 das Kriegsrecht über Tibet verhängt hatte) und Premier Wen Jiabao antwortet zwar auf jedes Ansprechen von Menschenrechtsfragen oder auf die Erwähnung Tibets wie gehabt mit der Formel, man erlaube keine Einmischung in innere Angelegenheiten. Auch erhalten alle Staaten, die dem Dalai Lama die Einreise erlauben, quasi routinemäßig eine strenge Abmahnung und ein wohlwollendes Lob, wenn sie sich weigern, ihm ein Visum auszustellen, so wie etwa Russland im Sommer 2004. Auf der anderen Seite reagiert man jedoch verhalten offen auf Aussagen des Dalai Lama, wie etwa: *Die tibetische Forderung nach voller Autonomie vollzieht sich innerhalb des Rahmens der Verfassung Chinas, und dies wird nicht die Einheit und Integrität Chinas beeinflussen.*[298] Dazu erklärt Wen Jiabao: «Wir haben die jüngsten Bemerkungen des Dalai Lama zur Kenntnis genommen, aber wir müssen sehr aufmerksam beobachten, was er wirklich tut. Solange er ernsthaft seine Position aufgibt, tibetische Unabhängigkeit zu suchen, und öffentlich Tibet und Taiwan als untrennbare Teile des chinesischen Territoriums anerkennt, können Kontakte und Diskussionen zwischen ihm und der Zentralregierung wieder beginnen. Die Tür zur Kommunikation zwischen Zentralregierung und dem Dalai Lama ist weit offen.»[299]

Ein Hoffnungsschimmer existiert also auch nach über vier Jahrzehnten im Exil immer noch. Und folglich muss das «Juwel der Weisheit», der «Kostbare Sieger», «die sanfte Pracht, die Weisheit, der Herr der Sprache, das edle Herz, der Ozean der Weisheit», Seine Heiligkeit der vierzehnte Dalai Lama wohl noch ein wenig länger im Dienst seines Volks verbleiben. Sein persönliches Resümee hat er bereits gezogen: *Wenn ich mich selbst betrachte, bin ich nicht der beste von den vierzehn Dalai Lamas. Aber ich bin ebenso wenig der schlechteste. Vielleicht wäre es schön, auf dieser Ebene aufzuhören.*[300] Ein Leben nach eigenen Vorstellungen will er sich jedoch erst gönnen, wenn die Zukunft Tibets klar ist: *Wenn Tibet frei ist, dann habe ich mein politisches Lebensziel erreicht. Und was weiter? Dann, dann setze ich meine dicke Sonnenbrille auf und nehme meinen Bergstock und gehe ins Gebirge.*[301]

ANMERKUNGEN

Zur Wiedergabe der tibetischen Schrift in lateinischer Schrift wird in wissenschaftlicher Literatur meist das Turrel-Wylie-System verwendet. Da das wissenschaftlich korrekte Schriftbild – «Chenzrezig» müsste eigentlich «spyan ras gzigs» transkribiert werden – dem Laien jedoch wenig Rückschlüsse auf die Aussprache ermöglicht, werden tibetische Begriffe meist vereinfacht. Dafür gibt es kein verbindliches System, auch Personennamen variieren daher beträchtlich. Dieses Buch folgt denjenigen Vereinfachungen, die in der Sekundärliteratur am häufigsten auftauchen. «C» und «ch», «j» und «jh» werden dabei wie «tsch» bzw. «dsch» gesprochen, «z» wie stimmhaftes «s». Bei den Sanskritbegriffen wurde auf diakritische Zeichen verzichtet.

1 Dalai Lama XIII.: Path of the Bodhisattva warrior. With a Life of the thirteenth Dalai Lama by Glen H. Mullin, compiled and translated by Glenn H. Mullin. Ithaca 1988, S. 111

2 Zitiert in Michael C. Van Walt van Praag: The Status of Tibet. Boulder 1987, S. 31

3 Dalai Lama XIV.: Mein Leben und mein Volk. München 1962, S. 16

4 Zur ausführlichen Darstellung der Umstände des Todes des Dalai Lamas XIII. siehe Melvyn C. Goldstein: A History of Modern Tibet 1913–51. The Demise of the Lamaist State. Berkeley, Los Angeles, London 1989, S. 139 ff.

5 Dalai Lama XIV.: Die Vorträge in Harvard. Grafing 1991, S. 49

6 Dalai Lama XIV.: Das Auge einer neuen Achtsamkeit, Traditionen und Wege des tibetischen Buddhismus. München 1987, S. 42 f.

7 John Avedon: Ein Interview mit dem Dalai Lama. München 1982, S. 20

8 Ebd., S. 60

9 Dalai Lama XIV.: Mein Leben und mein Volk, op. cit., S. 36

10 «Chenrezig» ist die tibetische Wiedergabe des im Sanskrit

«Avalokiteshvara» genannten Bodhisattvas.

11 Dalai Lama XIV.: Das Auge einer neuen Achtsamkeit, op. cit., S. 43

12 Erwin Koller: Erwarten Sie keine Wunder von mir. Zürich 1999, S. 17 f.

13 Avedon: Ein Interview mit dem Dalai Lama, op. cit., S. 20 f.

14 Dalai Lama XIII., op. cit., S. 112

15 Dies nur als Richtgröße, über die exakte Zahl der Tibeter herrschen unterschiedliche Angaben.

16 Dalai Lama XIV.: Mein Leben und mein Volk, op. cit., S. 15

17 Vgl. Goldstein, op. cit., S. 315

18 Die Schreibweise des Namens ist nicht einheitlich, so findet sich auch Ke'u tshang, Kewtsang oder Kyi tsang.

19 Vgl. Matthias Hermanns: Mythologie der Tibeter. Magie, Religion, Mysterien. o. O. 1955, S. 122, akt. Ausgabe Essen 1997. Das ist jedoch die nachträgliche Auslegung der drei Buchstaben, so Hermanns. Bell berichtet, die meisten Leute hielten A für den Hinweis auf Amdo in der Nähe des Kokonor-Sees, in Bezug auf Ka und Ma gab es keine bestimmte Meinung. Vgl. Charles Bell: Portrait of a Dalai Lama. The Life and Times of the Great Thirteenth. London 1946, S. 397

20 Dalai Lama XIV.: Mein Leben und mein Volk, op. cit., S. 15

21 Mit Mädchennamen Sönam Tsomo

22 Dalai Lama XIV.: Mein Leben und mein Volk, op. cit., S. 18

23 Diki Tsering: Mein Sohn der Dalai Lama. München 2001, S. 114

24 Ebd., S. 136

25 Dalai Lama XIV.: Mein Leben und mein Volk, op. cit., S. 19

26 Ebd., S. 18

27 Thubten Jigme Norbu: Tibet, verlorene Heimat. Wien, Berlin, Frankfurt a. M. 1960, S. 137

28 Dalai Lama XIV.: Mein Leben und mein Volk, op. cit., S. 20

29 Hermanns, op. cit., S. 122

30 Diese Unsicherheit der Datierung setzte sich fort, auch heute findet man den 6. Juni statt 6. Juli als Geburtsdatum. Die tibetische Exilregierung gibt den Geburtstag, der zum offiziellen Feiertag erklärt wurde, jedoch mit 6. Juli an.

31 Thubten Jigme Norbu, op. cit, S. 138 f.

32 Goldstein, op. cit., S. 21

33 Zur Gesellschaftsstruktur des alten Tibet, zu Landgütern und der Sklaverei siehe Melvyn C. Goldstein: A History of Modern Tibet 1913–51, op. cit., S. 3 ff.

34 Dalai Lama XIV.: Mein Leben und mein Volk, op. cit., S. 22

35 Zitiert in Mary Craig: Kundun. Der Dalai Lama und seine Familie. Bergisch Gladbach 1998, S. 97

36 Dalai Lama XIV.: Mein Leben und mein Volk, op. cit., S. 11

37 Hermanns, op. cit., S. 125

38 Nach Hermanns entstanden alle Mystifizierungen, welche durch Charles Bell, der wiederum Gould (Basil Gould: Report on the Discovery, Recognition and Installation of the Fourteenth Dalai Lama. New Delhi 1941) folgt, im Ausland bekannt wurden, erst nachträglich in Lhasa. Später hieß es, er verfüge über zwei der erforderlichen Merkmale, die großen Ohren und die Tigerhaut. Ebenfalls interessant für die Geschichte der Auffindung ist der Bericht eines Teilnehmers der Suchdelegation: Sonam Wangdu: The Discovery of the XIVth Dalai Lama. Bangkok 1975

39 Diki Tsering, op. cit., S. 115

40 Goldstein, op. cit., S. 321

41 Dalai Lama XIV.: Mein Leben und mein Volk, op. cit., S. 23

42 Ebd., S. 23

43 Ebd., S. 22 f.

44 Ebd., S. 23

45 Ebd., S. 24

46 Ebd., S. 25

47 Ebd., S. 28

48 Ebd., S. 29

49 Es war also nicht schwer, diesen Titel zu finden. Gyatso war bereits ebenfalls ein «offizieller» Name gewesen und von da an zum festen Bestandteil der Namen aller zukünftigen Dalai Lamas geworden.

50 Vgl. Glenn Mullin: The Essence of Refined Gold. Ithaca 1985, S. 244

51 Lobsang Chökyi Gyaltsen ist also der erste Panchen Lama, da er aber bereits ein Tulku mit drei Vorgängern war, ist er nach manchen Zählweisen der vierte Panchen Lama. Siehe Giuseppe Tucci: The Religions of Tibet. Berkeley 1988, S. 42

52 Der Buddhismus entwickelte im Lauf der Zeit die Vorstellung, außer historischen Buddha Shakyamuni gebe es noch eine Vielzahl anderer Buddhas in einer Vielzahl anderer Welten und Zeiten. Buddha Amitabha ist der Buddha «Grenzenloses Licht», herrscht über das Paradies Sukhavati und wird oft von Chenrezig begleitet.

53 Dalai Lama XIV.: Mein Leben und mein Volk, op. cit., S. 56

54 Vgl. Inder L. Malik: Dalai Lamas of Tibet. New Delhi 1984, S. 24 ff.

55 Dalai Lama XIV.: Mein Leben und mein Volk, op. cit., S. 38

56 Dalai Lama VI., Tshangs-dbyangs rgya mtsho: Liebeslieder des VI. Dalai Lama. Aus dem Tibetischen übers., mit Anm. von Dieter Back, Freiburg i. Br. 1986, S. 129

57 Charles Bell: The Religions of Tibet. London, Oxford 1931, S. 141

58 Vgl. Tsepon W. D. Shakabpa: Tibet: A Political History. New Haven 1967, S. 133

59 Goodman, op. cit., S. 337

60 Vgl. Glen Mullin: Songs of Spiritual Change. New York 1982, S. 19 f.

61 Thubten Jigme Norbu; Colin Turnbull: Geheimnisvolles Tibet. Der Bruder des Dalai Lama erzählt von einer versunkenen Welt. Freiburg i. Br. 2000, S. 311

62 Ebd., S. 311 f.

63 Dalai Lama XIV.: Mein Leben und mein Volk, op. cit., S. 56

64 Dalai Lama XIV.: Tibet, China, and the world. A compilation of interviews. Dharamsala 1989, S. 2 f.

65 Dalai Lama XIV.: Mein Leben und mein Volk, op. cit., S. 50

66 Ebd., S. 32

67 Ebd., S. 32

68 Zitiert in Heinrich Harrer: My Life in Forbidden Lhasa. In: National Geographic Magazine Vol. CVIII, No. 1, Juli 1955, S. 36

69 Dalai Lama XIV.: Mein Leben und mein Volk, op. cit., S. 40

70 Ebd., S. 41

71 Ebd., S. 47

72 Zitiert in Martin Brauen: Peter Aufschnaiter. Sein Leben in Tibet. Innsbruck 1983, S. 76

73 Dalai Lama XIV.: Mein Leben und mein Volk, op. cit., S. 38

74 Ebd., S. 34

75 Zitiert in Craig, op. cit., S. 92

76 Dalai Lama XIV.: Mein Leben und mein Volk, op. cit., S. 37

77 Vgl. Alastair Lamb: History of Imperial Diplomacy. Tibet, China and India 1914–1950. Hertingfordbury 1989, S. 302

78 Vgl. Goldstein, op. cit., S. 370 ff.

79 Diki Tsering, op. cit., S. 162

80 Ebd., S. 162

81 Vgl. Goldstein, op. cit., S. 25

82 Diki Tsering, op. cit., S. 163

83 Zitiert in Craig, op. cit., S. 164

84 Dalai Lama XIV.: Mein Leben und mein Volk, op. cit., S. 29

85 Zitiert in Goodman, op. cit., S. 112

86 Luise Rinser: Mitgefühl als Weg

zum Frieden. Meine Gespräche mit dem Dalai Lama. München 1995, S. 49

87 Dalai Lama XIV.: Mein Leben und mein Volk, op. cit., S. 44

88 Ebd., S. 63

89 Dalai Lama XIV.: Mein Leben und mein Volk, op. cit., S. 42

90 Dalai Lama XIII., op. cit., S. 111 f.

91 Zitiert in Van Walt van Praag, op. cit., S. 89

92 Dalai Lama XIV.: Mein Leben und mein Volk, op. cit., S. 64

93 Interview mit Heinrich Harrer im Spiegel, 3.11.1997

94 Dalai Lama XIV.: Mein Leben und mein Volk, op. cit., S. 46

95 Ebd., S. 63

96 Ebd., S. 65

97 Ebd., S. 66

98 Nach seiner tibetischen Zählweise ist er sechzehn, weil er im sechzehnten Lebensjahr steht.

99 Dalai Lama XIV.: Mein Leben und mein Volk, op. cit., S. 67

100 Zitiert in Addy Premen: British and Indian Strategic Perceptions of Tibet. In: Robert Barnett; Shirin Akiner (Hg.): Resistance and Reform in Tibet. London 1994, S. 41

101 Zitiert in Van Walt van Praag, op. cit., S. 73

102 Mao Tse-tung: On the Policies of Our Work in Tibet. In: Selected Works, vol. 5, Beijing 1977, S. 74

103 Goldstein, op. cit., S. 764

104 Zitiert in Goodman, op. cit., S. 169

105 Veröffentlicht von der chinesischen Presseagentur Xinhua, dokumentiert in den British Foreign Office files, FO 371/92998

106 Dalai Lama XIV.: Mein Leben und mein Volk, op. cit., S. 51

107 Ebd., S. 51

108 Ebd., S. 52

109 Ebd., S. 79

110 Ebd., S. 80

111 Ebd., S. 88

112 Ebd., S. 88

113 Ebd., S. 89

114 Bruno Zoratto: Tibet in Flammen. Berlin 1996, S. 44

115 Koller, op. cit., S. 30

116 Dalai Lama XIV.: Ausgewählte Texte, München 1987, S. 199

117 Koller, op. cit., S. 29

118 Interview im Stern, 5. Mai 1977

119 Koller, op. cit., S. 30

120 International Herald Tribune, 22. August 1976

121 Dalai Lama XIV.: Mein Leben und mein Volk, op. cit., S. 91

122 Koller, op. cit., S. 28

123 Dalai Lama XIV.: Ausgewählte Texte, op. cit., S. 208

124 Dalai Lama XIV.: In die Herzen ein Feuer. München 1995, S. 133

125 Ngabö wurde später zum Ersten Vorsitzenden der Autonomen Region Tibet, als diese 1965 offiziell gegründet wurde.

126 Dalai Lama XIV.: Mein Leben und mein Volk, op. cit., S. 107

127 Dalai Lama XIV.: Ausgewählte Texte, op. cit., S. 241

128 Dalai Lama XIV.: Mein Leben und mein Volk, op. cit., S. 118

129 Dalai Lama XIV.: Die Lehren des tibetischen Buddhismus. Hamburg 1998, S. 60

130 Ebd., S. 41

131 Ebd., S. 45

132 Diese Tradition ist im Westen meist unter ihrem japanischen Namen «Zen» bekannt, was dem chinesischen «Chan» entspricht und auf den Sanskritbegriff «Dhyana», «Meditation», zurückgeht.

133 Dalai Lama XIV.: Das Auge einer neuen Achtsamkeit, op. cit., S. 128

134 Dalai Lama XIV.: Der Weg zur Freiheit. Zentrale tibetisch-buddhistische Lehren. München 2000, S. 26

135 Dalai Lama XIV.: In die Herzen ein Feuer, op. cit., S. 156. Nicht alle stimmen ihm zu, so gibt es auch in seiner Tradition der Gelugpa Fundamentalisten wie etwa die Anhänger des Kults der Gottheit Shugden, die die eigene Tradition über die anderen Schulen gestellt wissen wollen.

136 Avedon: Ein Interview mit dem Dalai Lama, op. cit., S. 36

137 Dalai Lama XIV.: Das Auge einer neuen Achtsamkeit, op. cit., S. 133

138 Dalai Lama XIV.: Tibet, China, and the world, op. cit., S. 2. Parallele in John Avedon: Ein Interview mit dem Dalai Lama, op. cit., S. 21

139 Dalai Lama XIV.: Das Auge einer neuen Achtsamkeit, op. cit., S. 46

140 Dalai Lama XIV.: Die Lehren des tibetischen Buddhismus, op. cit., S. 55

141 Ebd., S. 24

142 Dalai Lama XIV.: Die Lehren des tibetischen Buddhismus, op. cit., S. 56

143 Ebd., S. 173

144 Ebd., S. 130

145 Dalai Lama XIV.: Frieden im Herzen und in der Welt. Lebenspraktische Erläuterungen zur buddhistischen Weltsicht. München 2003, S. 152

146 Dalai Lama XIV.: Die Lehren des tibetischen Buddhismus, op. cit., S. 51

147 Dalai Lama XIV.: Das Auge einer

neuen Achtsamkeit, op. cit.,
S. 134 f.

148 Warren W. Smith: Tibetan Nation. A History of Tibetan Nationalism and Sino-Tibetan Relations. Boulder 1996, S. 443

149 Dalai Lama XIV.: Mein Leben und mein Volk, op. cit., S. 127

150 Ebd., S. 130

151 Ebd., S. 130

152 Zitiert in Craig, op. cit., S. 307

153 Zitiert in Dalai Lama XIV.: Mein Leben und mein Volk, op. cit., S. 147

154 Ebd., S. 151

155 Zitiert in Craig, op. cit., S. 313

156 Vgl. Jamyang Norbu: The Tibetan Resistance Movement and the Role of the CIA. In: Robert Barnett; Shirin Akiner, op. cit., S. 189

157 Dalai Lama XIV.: Mein Leben und mein Volk, op. cit., S. 170

158 Margret Causemann: Volksliteratur Tibetischer Nomaden. Lieder und Erzählungen. Wiesbaden 1993, S. 107

159 Zitiert in Noel Barber: Die Flucht des Dalai Lama. München 1961, S. 139

160 Ebd., S. 18

161 Dalai Lama XIV.: Das Buch der Freiheit. Die Autobiographie des Friedensnobelpreisträgers. Bergisch Gladbach 1992, S. 215

162 Zitiert in Barber, op. cit., S. 140 f.

163 Ebd., S. 150

164 Zitiert in John Avedon: In Exile from the Land of Snows. London 1979, S. 71

165 Zitiert in Barber, op. cit., S. 141 ff.

166 Ebd., S. 144 f.

167 Vgl. den Bericht der International Commission of Jurists: The question of Tibet and the rule of law. Genf 1959

168 Dalai Lama XIV.: Mein Leben und mein Volk, op. cit., S. 175

169 Dalai Lama XIV.: Das Buch der Freiheit, op. cit., S. 234

170 Ebd., S. 248

171 Ebd., S. 281

172 Ebd., S. 282

173 Ebd., S. 283

174 Der Spiegel, 21. Februar 1972

175 Dalai Lama XIV.: Das Buch der Freiheit, op. cit., S. 237

176 Zitiert in Craig, op. cit., S. 512

177 Dalai Lama XIV.: Mit dem Herzen denken. München 1997, S. 189

178 Dalai Lama XIV.: In die Herzen ein Feuer, op. cit., S. 159

179 Dalai Lama XIV.: Ausgewählte Texte, op. cit., S. 192 f.

180 Zitiert in Sidney Piburn: A Policy of Kindness. Ithaca 1990, S. 48

181 Koller, op. cit., S. 16

182 Ebd., S. 16

183 Dalai Lama XIV.: Das Buch der Freiheit, op. cit., S. 305

184 Ebd., S. 303

185 Ebd., S. 304

186 Zitiert in Craig, op. cit., S. 368

187 Ebd., S. 373

188 Zitiert in Petra Kelly; Gerd Bastian: Tibet klagt an. Wuppertal 1990, S. 195

189 Dalai Lama XIV.: In die Herzen ein Feuer, op. cit., S. 121 f.

190 Vgl. Christopher I. Beckwith: The Tibetan Empire in Central Asia: A History of the Struggle for Great Power among Tibetans, Turks, Arabs, and Chinese during the Early Middle Ages. Princeton New Jersey 1987, S. 199

191 Zitiert in Goodman, op. cit., S. 333

192 Dalai Lama XIV.: Tibet, China, and the world, op. cit., S. 17

193 Dalai Lama XIV.: Mein Leben und mein Volk, op. cit., S. 176

194 Vgl. die Tabellen in Stephan Haas: Die Tibetfrage. Eine Analyse der Gründe und Rechtmäßigkeit des chinesischen Einmarsches in Tibet 1950/51. Münster 1997, S. 161

195 Melvyn C. Goldstein: The Snow Lion and the Dragon. China, Tibet, and the Dalai Lama. Berkeley, Los Angeles, London 1997, S. X

196 Zitiert in Kelly, Bastian, op. cit., S. 226 f.

197 Chinese Statistical Yearbook 2004. China Statistics Press, Beijing 2004

198 Zitiert in Barber, op. cit., S. 146

199 Zitiert in Kelly, Bastian, op. cit., S. 227

200 Zitiert in Barber, op. cit., S. 151

201 Dalai Lama XIV.: Das Buch der Freiheit, op. cit., S. 281

202 Zitiert in Goodman, op. cit., S. 327

203 Dagmar Bernstorff; Hubertus von Wenck: Tibet im Exil. Baden-Baden 2002, S. 105 f.

204 Koller, op. cit., S. 43

205 Zitiert in Claude Levenson: Die Vision des Dalai Lama. Zürich 1991, S. 63

206 Dalai Lama XIV.: Mein Leben und mein Volk, op. cit., S. 186

207 Zitiert in Goodman, op. cit., S. 327

208 Dalai Lama XIV.: Mein Leben und mein Volk, op. cit., S. 185 f.

209 Zitiert in Craig, op. cit., S. 436

210 Interview in Newsweek, 14. März 1983

211 Die Welt, 22. Februar 1985

212 Stern, 23. Juli 1987

213 New York Times, 17. November 1998

214 Tagesschau, 17. Juli 1987

215 Dalai Lama XIV.: Tibet, China and the World, op. cit., S. 52

216 Zitiert in Petra Kelly; Gerd Bastian: Tibet, ein vergewaltigtes Land. Berichte vom Dach der Welt. Reinbek 1988, S. 232

217 Jamyang Norbu: Illusion and Reality. Essays on the Tibetan and Chinese Political Scene from 1978–1989. Dharamsala 1989, S. 89

218 Bernstorff, von Welck, op. cit., S. 102

219 Zitiert in Piburn, op. cit., S. 25

220 Dalai Lama XIV.: Mein Leben und mein Volk, op. cit., S. 307

221 Etwa Süddeutsche Zeitung, 4. Mai 1993

222 Frankfurter Allgemeine Zeitung, 26. Juni 1996

223 Der Spiegel, 3. November 1997

224 Interview mit Kelsang Gyaltsen in: Der Spiegel, 20. Dezember 2003

225 Dalai Lama XIV.: Der Weg zur Freiheit, op. cit., S. 66

226 Jeremy Hayward; Francisco J. Varela: Gewagte Denkwege. Wissenschaftler im Gespräch mit dem Dalai Lama. München 1996, S. 204 f.

227 Vgl. Herbert Benson et al.: Body temperature changes during the practice of g Tum-mo yoga. In: Nature, Juni 23, 1982 (vol. 295)

228 Dalai Lama XIV.: Das Buch der Freiheit, op. cit., S. 293 f.

229 Koller, op. cit., S. 50

230 Dalai Lama XIV.: Mit dem Herzen denken, op. cit., S. 168

231 Avedon: Ein Interview mit dem Dalai Lama, op. cit., S. 18

232 Dalai Lama XIV.: In die Herzen ein Feuer, op. cit., S. 26

233 Ebd., S. 56

234 Ebd., S. 77

235 Michael von Brück: Denn wir sind Menschen voller Hoffnung. München 1988, S. 80

236 Focus, 26. Oktober 1998

237 Dalai Lama XIV.: Das Auge einer neuen Achtsamkeit, op. cit., S. 37

238 Dalai Lama XIV.: Mit dem Herzen denken, op. cit., S. 124

239 Auf Deutsch 1987 als «Das Auge einer neuen Achtsamkeit» erschienen

240 Dalai Lama XIV.: Die Essenz der Meditation. Praktische Erklärungen zum Herzstück buddhistischer Spiritualität. München 2002, S. 12

241 Dalai Lama XIV.: Die Buddhanatur. Tod und Unsterblichkeit im Buddhismus. Grafing 1996

242 Auszüge aus «Ratschläge des Herzens» wurden als Serie in der

Bild abgedruckt, etwa: Bild, 21. Juli 2003

243 Bild, 20. März 2004

244 Dalai Lama XIV.: Die Freude, friedvoll zu leben und zu sterben. München 1998, S. 7

245 Dalai Lama XIV.: Ethics for the New Millenium: New York 1999, S. xiii

246 Brück, op. cit., S. 172

247 Der Spiegel, 20. April 1998. Allerdings erschien bei Little, Brown & Co. eine zweite Ausgabe von Ethics for the New Millenium unter dem Titel «Ancient Wisdom, Modern World. Ethics for the New Millenium».

248 Dalai Lama XIV.: Ethics for the New Millenium, op. cit., S. 216

249 Dalai Lama XIV.: Das Buch der Freiheit, op. cit., S. 299

250 Dalai Lama XIV.: Die Lehren des tibetischen Buddhismus, op. cit., S. 155

251 Dalai Lama XIV.: Der Mensch der Zukunft, meine Vision. München 1997, S. 132

252 Ebd., S. 134

253 Dalai Lama XIV.: Die Lehren des tibetischen Buddhismus, op. cit., S. 153

254 Dalai Lama XIV.: In die Herzen ein Feuer, op. cit., S. 158

255 Dalai Lama XIV.: Das Buch der Freiheit, op. cit., S. 299

256 Avedon: Ein Interview mit dem Dalai Lama, op. cit., S. 54

257 Dalai Lama XIV.: In die Herzen ein Feuer, op. cit., S. 157

258 Bernstorff; von Welck, op. cit., S. 107

259 Dalai Lama XIV.: Das Buch der Freiheit, op. cit., S. 299

260 Dalai Lama XIV.: Frieden im Herzen und in der Welt, op. cit., S. 155

261 http://www.tibet.com/Buddhism/Kalachakra.html

262 Dalai Lama XIV.: Frieden im Herzen und in der Welt, op. cit., S. 181

263 Edwin Bernbaum: Der Weg nach Shambhala. Freiburg i. Br. 1988, S. 17

264 Etwa die ehemaligen Dalai-Lama-Sympathisanten Victor und Victoria Trimondi (aka Herbert und Mariana Röttgen) in ihrem unseriösen Werk «Der Schatten des Dalai Lama», Düsseldorf 2002

265 Zitiert in Craig, op. cit., S. 492, S. 496

266 Chinadaily, 26. April 2001

267 Bernstorff; von Welck, op. cit., S. 101

268 Focus, 26. Oktober 1998

269 Ebd.

270 Ebd.

271 Deutsche Ausgabe des Playboy, März 1998

272 Der Spiegel, 13. April 1998

273 Zitiert in Craig, op. cit., S. 514

274 Ebd., S. 514

275 Chinadaily, 25. Mai 2001

276 Mangtso, 31. Mai 1995

277 Sheja, September 1998

278 Avedon: Ein Interview mit dem Dalai Lama, op. cit., S. 62

279 Dalai Lama XIV.: Tibet, China and the World, op. cit., S. 4

280 Vgl. Kevin Garratt: Biography by Installment, in P. Ch. Klieger: Tibet, Self, and the Tibetan Diaspora. Leiden 2002, S. 79

281 Ebd., S. 80

282 Zitiert in Craig, op. cit., S. 501

283 Ebd., S. 501

284 Dalai Lama XIV.: Tibet, China and the World, op. cit., S. 5

285 Asiaweek, 20. Oktober 2000, Vol. 26

286 Dalai Lama XIV.: Das Buch der Freiheit, op. cit., S. 304

287 Zitiert in Avedon: In Exile from the Land of Snows, op. cit., S. 175

288 Zitiert in Craig, op. cit., S. 460

289 Focus, 26. Oktober 1998

290 Dalai Lama XIV.: Das Buch der Freiheit, op. cit., S. 304

291 Sterberituale, die dem gerade Verstorbenen auf dem Weg durch diesen Zwischenzustand helfen sollen, sind im Lehrsystem des Bardo Thödol, dem «Befreien durch Hören im Zwischenzustand», im Westen bekannt als «Tibetisches Totenbuch», zusammengefasst.

292 Dalai Lama XIV.: Mit dem Herzen denken, op. cit., S. 40f.

293 Zitiert in Craig, op. cit., S. 515

294 Ebd., S. 497

295 Ebd., S. 505

296 Ebd., S. 506

297 Ebd., S. 515

298 BBC, 23. Januar 2003

299 Wen Jiabao in der Washington Post, 24. November 2003

300 Dalai Lama XIV.: Yoga des Geistes. Die Vereinbarkeit von abhängigem Entstehen und Leerheit. Hamburg 1989, S. 84

301 Rinser, op. cit., S. 91

ZEITTAFEL

617–649
König Songtsen Gampo heiratet eine chinesische und eine nepalesische Prinzessin. Beide bringen erstmals den Buddhismus als Religion nach Tibet.

755–797
König Trisong Detsen lädt den berühmten buddhistischen Meister Padmasambhava aus Indien nach Tibet ein. Erste Verbreitung des Buddhismus und Gründung der Nyingmapa-Schule («Schule der Alten»).

821
Friedensvertrag zwischen Tibet und China. Bis Anfang des 13. Jahrhunderts wird Tibet von lokalen Fürstentümern und Klöstern regiert.

838–842
Während der Herrschaft Langdarmas wird der Buddhismus radikal verfolgt und kommt in weiten Teilen Tibets zum Erliegen.

1043
Der indische Gelehrten Atisha begründet in Tibet die Kadampa-Tradition («Mündliche Unterweisung»). Zweite Verbreitung des Buddhismus.

1073
Gründung des Klosters Sakya («Graue Erde») und der nichtzölibatären Tradition der Sakyapa. Im 13. und 14. Jahrhundert politisch einflussreiche Schule.

11. JH.
Marpa bringt aus Indien die Lehren des Naropa nach Tibet und begründet die Tradition der Kagyüpa («Mündliche Übertragungslinie»). Sein Schüler ist der bis heute beliebteste Asket Tibets, Milarepa.

1244
Sakya Pandita, Oberhaupt der Sakya-Schule, wird vom mongolischen Khan Göden zum Vizekönig Zentraltibets ernannt.

1260
Chögyal Phagpa, Neffe Sakya Pandi-
tas, wird vom Mongolenherrscher
Kublai Khan zum Vizekönig Zentraltibets ernannt.

1357–1419
Lebzeit des Tsongkhapa. Aus der
von ihm reformierten Kadampa-Tradition entsteht die Schule der
Gelugpa («Schule der Tugendhaften»), der auch die Dalai Lamas an-
gehören.

1391–1474
1. Dalai Lama Gedün Drub, Gründer
und oberster Abt des Tashilhünpo-
Klosters, das später Sitz der Panchen
Lamas wird. Der Titel wurde postum
verliehen.

1434–1534
Tibetische Fürstenfamilien der zentralen Provinzen Ü und Tsang führen
100 Jahre lang Krieg.

1475–1542
2. Dalai Lama Gedün Gyatso. Oberster Abt des Drepung-Klosters bei
Lhasa. Der Titel wurde postum verliehen.

1543–1588
3. Dalai Lama Sönam Gyatso. Der
Mongole Altan Khan verleiht Sönam

Gyatso 1578 den Titel «Tale», «Ozean».

1589–1617
4. Dalai Lama Yönten Gyatso. Einziger Nichttibeter unter den Dalai Lamas. Urenkel von Altan Khan.

1617–1682
5. Dalai Lama Lobsang Gyatso. Verleiht seinem Lehrer den Titel Panchen Lama, lässt den Potala bauen,
vereint als Erster weltliche und
geistliche Macht auf das Amt der
Dalai Lamas.

1624
Die Jesuitenpatres Antonio de
Andrade und Marquez besuchen als
erste Europäer Tibet.

1642
Der Mongole Gushri Khan setzt den
König von Tsang ab und übergibt
dem Dalai Lama V. die unbe-
schränkte Macht.

1683–1706
Der 6. Dalai Lama Tsangyang Gyatso
lebt als Laie im Potala, wird abgesetzt und verschleppt.

1685–1725 (?)
Yeshe Gyatso wird 1706 als angeblich wahrer 6. Dalai Lama einge-

setzt, vom Volk aber nicht anerkannt.

1708–1757
7. Dalai Lama Kelsang Gyatso. Etwa
um 1720 beginnt der chinesische
Qianlong-Kaiser, die Oberherrschaft
über Tibet zu beanspruchen.

1758–1804
8. Dalai Lama Jampel Gyatso.

1805–1815
9. Dalai Lama Lungtog Gyatso.

1816–1837
10. Dalai Lama Tsültrim Gyatso.

1838–1855
11. Dalai Lama Khädrup Gyatso.

1856–1875
12. Dalai Lama Trinle Gyatso.

1876–1933
13. Dalai Lama Thubten Gyatso. Der
britische Offizier Francis Younghusband marschiert 1903 von Britisch-
Indien aus in Tibet ein, um Handelsvereinbarungen zu erzwingen. 1911
wird die chinesische Qin-Dynastie
gestürzt, 1912 die chinesische Republik ausgerufen. Am 13. Februar
1913 erklärt der Dalai Lama XIII.
Tibet offiziell für von China unabhängig. 1914 findet in Shimla eine
Dreierkonferenz zwischen Tibet,
China und Indien über den zukünftigen Status Tibets statt. Sie schei-
tert.

1919
Geburt von Tsering Dölma
(1919–64), erster Tocher von Dekyi
und Chökyong Tsering, den Eltern
des künftigen Dalai Lama XIV.

1922
Geburt von Thubten Jigme Norbu,
ältester Bruder des Dalai Lamas XIV.

1928
Geburt von Gyalo Dhöndup, Bruder
des Dalai Lamas XIV.

1933
Geburt von Lobsang Samten
(1933–1985), Bruder des Dalai
Lamas XIV.

1935
Im Sommer 1935 beginnt der Regent Reting Rinpoche nach Zeichen
Ausschau zu halten, die auf den Ort
der Wiederkunft des Dalai Lamas
hinweisen. Dieser wird am 6. Juli in
einem Dorf in der Provinz Amdo in
eine Bauernfamilie geboren und zunächst Lhamo Dhöndup genannt.

1936
Vier Suchdelegationen werden ausgesandt.

1937
Eine der Delegationen reist auf Rat des Panchen Lama zum Kloster Kumbum in Amdo. In einem nahe gelegenen Dorf finden sie Lhamo Dhöndup. Prüfungen zeigen, dass er der neue Dalai Lama ist.

1938
Lhamo Dhöndup wird ins Kloster Kumbum gebracht.

1939
Am 21. Juli bricht die Karawane mit dem Anwärter auf die Dalai-Lama-Würde aus Kumbum auf, am 23. August wird er offiziell als neuer Dalai Lama XIV. anerkannt.

1940
Der neue Dalai Lama erhält den Namen Tendzin Gyatso und wird am 22. Februar in Lhasa inthronisiert. Geburt der Schwester Jetsun Pema.

1941
Der Regent Reting Rinpoche dankt zugunsten Taktras ab.

1944
Reting versucht, die Regentschaft zurückzugewinnen.

1946
Die Österreicher Peter Aufschnaiter und Heinrich Harrer erreichen am 15. Januar nach ihrer Flucht aus einem britischen Internierungslager in Indien Lhasa. Geburt des Bruders Tendzin Chögyal. Lobsang Samten darf auf Weisung Taktras nicht mehr mit dem Dalai Lama im Potala leben.

1947
Kurz nach dem tibetischen Neujahrsfest stirbt der Vater des Dalai Lamas an einer Kolik. Am 17. April wird Reting wegen Verstrickung in ein Bombenattentat auf Taktra verhaftet und am 8. Mai tot in seiner Zelle gefunden. Dem Dalai Lama werden Besuche bei seiner Familie verboten, Audienzen werden der Familie aber gewährt. Indien wird in der Nacht vom 14. auf den 15. August unabhängig.

1949
Mao Zedong ruft am 1. Oktober die Volksrepublik China aus. Die Volksbefreiungsarmee marschiert in den von Tibetern bewohnten chinesischen Grenzprovinzen ein.

1950

Am 23. Juni beginnt der Koreakrieg. Einmarsch der Chinesen in Amdo und Kham am 7. Oktober. Am 17. Oktober übernimmt der Dalai Lama daraufhin vorzeitig die Regentschaft und schickt am 7. November eine Eingabe an die UNO, die es am 24. November ablehnt, sich mit dem Konflikt zwischen Tibet und China zu befassen. Eine zweite Eingabe an die UNO wird am 8. Dezember losgeschickt. Erste Flucht des Dalai Lamas am 18. Dezember nach Yatung.

1951

Das am 23. Mai von einer tibetischen Gesandtschaft in Beijing unterzeichnete «17-Punkte-Abkommen» verspricht den Tibetern kulturelle und politische Autonomie unter chinesischer Oberherrschaft. Am 9. September marschieren chinesische Truppen friedlich in Lhasa ein.

1954

Indien und die VR China unterzeichnen am 29. April den Vertrag der «Fünf Prinzipien friedlicher Koexistenz». Der 14. Dalai Lama bereist China, trifft Mao und am 17. November erstmals auch Nehru, der gerade in China weilt. Revolten in Osttibet,

die «Freiwillige Nationale Verteidigungsarmee» Tibets entsteht.

1955

Ein von China initiiertes vorbereitendes Komitee für die «Autonome Region Tibet» mit dem Dalai Lama als Vorsitzendem, dem Panchen Lama und General Zhang Guohua als Vizevorsitzenden tritt zusammen.

1956

Der Dalai Lama nimmt an den Feierlichkeiten zum 2500sten Geburtstag des Buddha teil und trifft am 10. Dezember in Indien ein. Er bittet um Asyl, doch Premier Nehru drängt ihn zur Rückkehr. Mao verspricht, es werde in Tibet keine erzwungenen Reformen geben.

1959

Der Dalai Lama legt am 1. März die Prüfung zum Doktor der Metaphysik ab. Eine zweifelhafte Einladung von chinesischer Seite zu einer Tanzveranstaltung lässt das Volk fürchten, er solle entführt werden. Vom 10. März an demonstrieren Tausende in Lhasa gegen die chinesischen Besatzer. In der Nacht des 17. März flieht der Dalai Lama mit seinem Gefolge Richtung Indien. Drei Tage bleibt die Flucht unbemerkt. In Lhasa beschießen chinesische Truppen den Norbulingka, in dem sie den Dalai Lama vermuten. Es kommt zu Volksaufständen, ab dem 19. März nehmen auch tibetische Truppen daran teil. Schon am 23. März haben die Chinesen die Situation wieder unter Kontrolle. Die tibetische Regierung wird für aufgelöst erklärt, eine Militärregierung unter dem Panchen Lama eingesetzt. Derweil war am 18. April der Dalai Lama im indischen Tezpur angekommen und von der indischen Regierung empfangen worden. Am 20. Juni hält er seine erste größere Pressekonferenz. Er verbringt das erste Jahr des Exils in Mussoorie. Zehntausende von Tibetern fliehen ebenfalls nach Indien.

1959–62
Im «Großen Sprung nach vorn» sterben bei Hungersnöten in allen Teilen Chinas insgesamt zwischen 20 und 30 Millionen Menschen.

1960
Der Dalai Lama zieht nach Dharamsala, bis heute Sitz der Exilregierung.

1962
Am 20. Oktober marschieren chinesische Truppen in indischen Teilen des Himalaja ein. Der Dalai Lama veröffentlicht seine erste Autobiographie *(Mein Leben und mein Volk)*.

1963
Der Dalai Lama verkündet am 10. März einen demokratischen Verfassungsentwurf für Tibet, der seine Absetzung als Staatsoberhaupt möglich macht.

1965
Am 9. September wird die «Autonome Region Tibet» offiziell eingerichtet.

1966–1976
Während der Kulturrevolution werden die meisten tibetischen Klöster zerstört, die Religionsausübung verboten.

1967
Erste Auslandreisen vom Exil aus: Der Dalai Lama besucht Japan und Thailand.

1971
Die VR China wird anstelle von Taiwan Mitglied der Vereinten Nationen.

1972
US-Präsident Richard Nixon besucht China.

1973
Europareise des Dalai Lamas.

1976
Mit dem Tod Maos endet die Kulturrevolution. Die VR China gibt frühere Fehler im Umgang mit Tibet zu.

1979
China bietet dem Dalai Lama an zurückkehren zu dürfen, allerdings mit Wohnort Beijing, nicht Lhasa. Drei Delegationen von Exiltibetern sollen sich in diesem und dem folgenden Jahr ein Bild von der Lage Tibets machen. Erste USA-Reise des Dalai Lamas.

1980
China ändert seine Tibetpolitik. Der von den wirtschaftlichen Zuständen entsetzte Parteisekretär Hu Yaobang erlaubt privaten Handel, freie Religionsausübung und zieht einige chinesische Kader ab.

1983
Der Dalai Lama schickt Delegationen nach Beijing. Die Verhandlungen enden ergebnislos.

1987
Der Dalai Lama beginnt, sich auf seinen immer häufigeren Auslandsreisen auch politisch zu äußern. Er schlägt am 27. September einen «5-Punkte-Friedensplan» vor dem US-Kongress in Washington vor. Als Reaktion darauf finden in Lhasa Unabhängigkeitsdemonstrationen statt. Am 1. Oktober eröffnet die Polizei das Feuer auf die tibetischen Demonstranten.

1988
In der «Deklaration von Straßburg» schlägt der Dalai Lama als Lösung der Tibet-Frage am 15. Juni vor, dass China die tibetische Außen- und Verteidigungspolitik kontrollieren, im Gegenzug den Tibetern volle innere Autonomie gewähren soll.

1989
Demonstrationen zu Beginn des Jahres führen zum Verhängen des Kriegsrechts am 7. März in Lhasa. Bis zu 200 Menschen sterben, Tausende werden verhaftet. Nach dem Tod Hu Yaobangs kommt es zu Trauerkundgebungen, die sich zu Demonstrationen für mehr Demokratie ausweiten. Auf dem Tiananmen-Platz in Beijing walzen Panzer am 3. und 4. Juni friedliche Demonstranten nieder. Am 5. Oktober wird dem Dalai Lama der Friedensnobelpreis verliehen.

1990
Aufhebung des Kriegszustands in
Tibet am 1. Mai.

1993–2002
Keine Versuche der Kontaktauf-
nahme zwischen China und Dharamsala. Der Dalai Lama veröffentlicht 1993 eine zweite Autobiographie (*Das Buch der Freiheit*).

1995
Der in Tibet aufgefundene, vom Dalai Lama als neuer Panchen Lama
anerkannte Gendün Chökyi Nyima
wird verschleppt und von China
durch einen Gegen-Panchen-Lama
ersetzt.

1999
Am 28. Dezember flieht der 17. Karmapa aus Tibet nach Indien. Der Dalai Lama widmet sich vermehrt einer
«globalen Ethik» und «universalen
Verantwortung», veröffentlicht sein
erstes selbst verfasstes Buch nach
1993: *Ethics for the New Millenium*.

SEIT 2002
Gespräche von Exiltibetern mit der
chinesischen Führung in Beijing, bislang ergebnislos.

QUELLENNACHWEIS DER ABBILDUNGEN